全民瘋運動

起源✕場地✕規則
100種運動

好想看懂國際賽事，卻不熟規則和計分？
一百種運動項目的起源、規則、術語……
一應俱全的運動常識懶人包！

崧燁文化

目錄

目錄

目錄

前言

　　體育也稱「體育運動」，包括身體教育（狹義的體育）、競技運動和身體鍛鍊三個方面。身體教育與德育、智育、美育一樣，都是教育的重要組成部分，是促進身體全面發展、傳授鍛鍊身體的知識和技能、培養意志和品德的過程；競技運動則可以最大限度地發展和提升個人身體的潛力，以取得優異成績；身體鍛鍊是以健身、醫療衛生、娛樂休息為目的的身體活動。

　　古代的體育沒有固定的概念，有時等同於體操。直到 20 世紀初，體育才在世界範圍內逐漸被開始統稱。它是人們根據生產和生活的需要，遵循人體的生長發育規律和身體活動的規律，以身體練習為基本方法，結合陽光、空氣、水等自然因素和衛生措施，達到增強體質，提升運動技術水準，豐富社會文化娛樂生活等目的的一種社會活動。體育也是社會文化教育的組成部分，受一定社會的政治和經濟因素的制約，也為一定的社會政治和經濟服務。

　　一個國家體育運動水準的高低，通常會從人們的體質水準、體育的普及程度、體育制度和體育措施及其執行情況、體育的學科理論水準和體育設施狀況、運動技術水準和最好的運動成績等五個方面衡量。隨著國際交流的加深，體育事業的規模和水準已成為衡量一個國家、社會發展進步的重要指標，也成為各國家外交及文化交流的重要方式。

前言

　　為了能讓讀者了解更多的體育知識，我們特意編撰了這本書。本書分為奧林匹克運動、球類運動、田徑運動、武術運動、體操運動、自由車運動、賽車運動、水類運動、冰雪運動、戶外運動、射擊運動、極限運動以及棋牌運動等多個章節，分別詳細地介紹了奧林匹克體育運動的發展歷史，以及各種競技體育、健身體育中各個運動項目的起源、發展和規則等，其中也包括一些國際、國內影響較大的體育賽事，群眾體育和競技體育運動的器材及場地設置，體育與科技、文化和經濟的關係等內容。

　　在本書當中，我們還根據內容及版面編排的需要，加入了「小知識」專欄，旨在提高內容的豐富性及版面的靈活性，因而使本書的內容更加全面，版面也更加活潑。

　　希望這本書能夠幫助體育愛好者了解更多、更全面的體育知識，讓身心都能夠有所受益。

奧林匹克運動

　　奧林匹克運動會簡稱「奧運會」，是由國際奧林匹克委員會主辦的國際性綜合運動會，包括夏季奧林匹克運動會、冬季奧林匹克運動會、青年奧林匹克運動會（Youth Olympic Games）、帕拉林匹克運動會（Paralympic Games）、聽障奧林匹克運動會（Deaflympics）和特殊奧林匹克運動會（Special Olympics）。

　　奧林匹克運動會每四年舉辦一次（曾在兩次世界大戰期間中斷三次，分別為 1916 年、1940 年和 1944 年；以及在 2020 年因嚴重特殊性傳染性肺炎大流行延期過一次），每屆運動會會期不超過 16 天。

　　奧林匹克運動會因起源於古希臘奧林匹亞而得名。古代奧運會從西元前 776 到西元 394 年為止，共歷經 293 屆，後被羅馬皇帝狄奧多西一世因邪教活動罪名而廢止。1894 年，在巴黎召開的國際體育會議中，在法國貴族皮耶‧德‧古柏坦（Pierre de Coubertin）的倡議下成立了國際奧會，並決定恢復奧運會。

　　現代第一屆奧運會於 1896 年在希臘雅典舉行，此後在世界各地輪流舉行。由於在 1924 年設立了冬季奧林匹克運動會，因此人們習慣稱奧林匹克運動會為「夏季奧林匹克運動會」。奧林匹克運動會現在已經成為和平與友誼的象徵。

古代奧運會

　　有關古代奧運會的起源的傳說有很多，主要有以下兩種：一是古代奧林匹克運動會是為祭祀宙斯而定期舉行的體育競技活動；另一個傳說與宙斯的兒子海克力斯（Heracles）有關，海克力斯因力大無比獲得「大力神」的美稱，他在伊利斯城邦完成了常人無法完成的任務，不到半天時間便將國王堆滿牛糞的牛棚清掃乾淨，但國王不想履行贈送 300 頭牛的許諾，海克力斯一氣之下便趕走了國王。為了慶祝勝利，他在奧林匹亞舉行了運動會。

▶ 奧運會的發起和興盛（西元前 776 至前 388 年）

　　西元前 776 年，伯羅奔尼撒的統治者伊菲托斯努力使宗教與體育競技合為一體。他不僅革新宗教儀式，還組織大規模的體育競技、活動，並決定每四年舉行一次此活動。時間定在閏年的夏至之後。所以，西元前 776 年古代奧林匹克運動會就正式載入史冊，成為古代第一屆奧運會。當時僅有一個比賽項目，即距離為 192.27 公尺的場地跑。

　　雖然這一時期各城邦之間有紛爭，但希臘仍然是一個獨立的國家，政治、經濟、文化都較發達，是運動會的黃金時期。特別是西元前 490 年，希臘雅典在馬拉松河谷大敗波斯軍之後，民情奮發，國威大振，興建了許多運動設施、廟宇等，參賽者遍及希臘各個城邦，奧運會盛極一時，成為希臘最盛大的節日。

▶ 奧運會的衰落（西元前388至前146年）

由於斯巴達和雅典長期的伯羅奔尼撒戰爭（西元前431至前404年），希臘國力大減，馬其頓逐漸吞併了希臘。馬其頓君王菲力浦還親自參加了賽馬。隨後，亞歷山大大帝雖不喜愛體育活動，但仍積極支持，並視奧運會為古希臘最高體育活動的開幕式，為其增添設施。不過，這一時期的古奧運會精神已大為減色，並開始出現職業運動員。

▶ 奧運會的消亡（西元前146至394年）

羅馬帝國統治希臘後，起初雖仍舉行運動會，但奧林匹亞已不是唯一的競賽場地了。如西元前80年的第175屆奧運會，羅馬就把優秀的競技者召集在羅馬比賽，而只在奧林匹亞舉行了少年賽。這時職業運動員已開始大量出現，奧運會成了職業選手的比賽，希臘人對之失去了興趣。

西元2世紀後，基督教統治了包括希臘在內的整個歐洲，宣導禁欲主義，主張靈肉分開，反對體育運動，因而使歐洲處於一個黑暗時代，奧運會也隨之更趨衰落，直至名存實亡。

西元393年，羅馬皇帝狄奧多西一世宣布基督教為國教，認為古奧運會有違基督教教旨，是異教徒活動，翌年宣布廢止古奧運會。

奧運會的復甦

　　1776 年，英國考古學家在勘察中發現了古代奧運會遺址。1875 ～ 1881 年，德國庫蒂烏斯人在奧林匹亞遺址中發掘出了出土文物，引起了全世界的興趣。

　　1858 年，希臘發布了《奧林匹克令》，並於 1859 年 10 月 1 日在雅典舉辦了第一屆泛希臘奧林匹克運動會。

　　1889 年 7 月，在法國巴黎召開的國際田徑代表大會上，被後人尊稱為「奧林匹克之父」的法國教育家皮耶·德·古柏坦首次公開了恢復奧運會的設想。1891 年 1 月，古柏坦以法國田徑協會總會祕書長的身分，向全世界幾乎每個體育組織和俱樂部發出邀請——參加於 1894 年 6 月 16 日在法國巴黎索邦神學院召開的國際體育運動代表大會。此次大會就是第一屆奧林匹克代表大會。會議召開一個星期後，即 6 月 23 日，大會就通過了成立國際奧林匹克委員會的決議，而 6 月 23 日也就成了「國際奧林匹克日」。當時，古柏坦成為首任祕書長。大會決定在 1896 年召開首屆現代奧運會，希臘的歷史名城雅典獲得了主辦權。

　　1896 年 4 月 6 日至 4 月 15 日，希臘雅典舉辦了第一屆現代奧運會。

▶ 《奧林匹克憲章》（Olympic Charter）

　　1892 年 11 月 25 日，古柏坦在巴黎索邦大學舉行的慶祝法國田徑運動聯盟成立五週年大會上發表了一次精彩演講。他號

召人們「堅持不懈地追求，實現一個以現代生活條件為基礎的偉大而有益的事業。」這個內容極其豐富、熱情四溢的歷史性演講，後來被人們稱為《奧林匹克憲章》。

▶ 第一屆現代奧運會

希臘雅典舉辦奧運會的時間，距羅馬皇帝狄奧多西一世下令禁止舉行的古代奧運會已經過去了 1,500 多年。1896 年 4 月 6 日下午 3 點，在經過重修的雅典帕那辛尼安體育場，希臘國王喬治一世宣布：第一屆現代奧林匹克運動會開幕。喬治一世在開幕詞中說：「但願奧林匹克運動會的復興能增進希臘人民與各國人民的友誼，但願體育運動和它所崇尚的道德觀念有助於造就新一代的希臘人，無愧於他們的先輩。」此屆奧運會設田徑、游泳、舉重、射擊、自由車、希羅式角力（Greco-Roman wrestling）、體操、擊劍和網球 9 個大項 43 個小項，共有 13 個國家的 311 名運動員參賽。

▶ 冬季奧運會

19 世紀末至 20 世紀初，一些冰雪運動如滑雪、滑雪橇、滑冰、冰球等項目在歐美國家逐漸得到普及和發展。在這種情況下，現代奧運會創始人古柏坦建議單獨舉辦冬季奧運會，但由於 1901 年北歐兩項運動在歐洲斯堪地那維亞半島的成功舉行而被拖延。

正式的冬季奧林匹克運動會始於 1924 年。當時，法國霞慕尼市承辦了當時被稱為「冬季運動週」的運動會，兩年後國際

奧會正式將其更名為第一屆冬季奧林匹克運動會。

冬季奧運會最初規定每四年舉行一次，與夏季奧運會在同年和同一國家舉行。從第二屆冬奧會——1928年聖莫里茲冬季奧運會開始，冬季奧運會與夏季奧運會的舉辦地點改在不同的國家舉行。1994年起，冬奧會與夏奧會以兩年為相隔交錯舉行。為將冬奧會與夏奧會時間錯開，故只有1992年冬奧會與1994年冬奧會相隔兩年。

▶ 青年奧運會

青年奧林匹克運動會（YOG）是一項專為年輕人設立的體育賽事，融合了體育、教育和文化等領域的內容，並為推動這些領域與奧運會的共同發展發揮催化劑的作用。2001年，國際奧林匹克委員會主席札克‧羅格（Count Jacques Rogge）提出了舉辦青奧會的構想。青奧會與奧運會一樣，每四年一屆。夏季青奧會最長12天，於仲夏時節舉辦。

國際奧會在2007年7月5日於瓜地馬拉城舉行的第119次國際奧會全體會議上，一致同意創辦青年奧運會，運動員的年齡需在14～18歲之間，首屆青年奧運會將由新加坡承辦，舉辦的時間為2010年8月間（夏季青年奧運會），而冬季青年奧運會首次舉辦時間為2012年。

小知識 —— 奧林匹克運動

奧林匹克運動是在奧林匹克精神引導下，以體育運動和四年一度

的奧林匹克慶典 —— 奧運會為主要活動內容，為促進人的生理、心理和社會道德全面發展，溝通各國人民之間的相互了解、在全世界普及奧林匹克主義、維護世界和平的國際社會運動。奧林匹克運動包括以奧林匹克主義為核心的思想體系，以國際奧會、國際單項運動總會和各國奧會為骨幹的組織體系和以奧運會為週期的活動體系。

1998 年，著名的《生活》（Life）雜誌刊載了歷史學家精選的過去千年中最重要的 1,000 個事件和人物，1896 年古柏坦恢復奧運會的壯舉也躋身其中，被譽為千年盛事之一。

奧運會的標誌

奧林匹克運動有一系列獨特而鮮明的象徵性標誌，如奧林匹克標誌、格言、奧運會會旗、會歌、會徽、獎牌、吉祥物等。這些標誌都有著豐富的文化含義，具體地展現了奧林匹克理想的價值取向和文化內涵。

▶ 《奧林匹克憲章》規定

奧林匹克標誌、奧林匹克會旗、奧林匹克格言和奧林匹克會歌的產權歸國際奧會專有。國際奧會可採取一切適當措施使奧林匹克標誌、會旗、格言和會歌在各國和國際上獲得法律保護。

▶ 會旗

奧林匹克會旗於 1913 年由古柏坦親自設計，長 3 公尺，寬 2 公尺。1914 年為慶祝現代奧林匹克運動恢復 20 週年，在巴黎舉行的奧林匹克代表大會上首次升起。1920 年安特衛普奧運會正式採用。奧林匹克會旗上面是藍黑紅三環，下面是黃綠兩

環。五環代表五大洲的團結和全世界的運動員在奧林匹克運動會上相聚一堂。

▶ 會歌

該會歌在 1896 年第一屆夏季奧林匹克運動會開幕式上首次演唱，但當時並未確定為奧運會會歌。1950 年代後，有人建議重新創作新曲，作為永久性的會歌，但幾經嘗試都不能令人滿意。國際奧會在 1958 年於東京舉行的第 55 次全體會議上最後確定，還是將〈奧林匹克聖樂〉（〈撒馬拉斯頌歌〉）作為奧林匹克會歌。其樂譜存放於國際奧會總部。從此以後，在每屆奧運會的開、閉幕式上，都能聽到這首悠揚的古希臘樂曲。

▶ 格言

奧林匹克格言亦稱奧林匹克口號。奧林匹克運動有一句著名的格言：「更快、更高、更強。」（Faster, Higher, Stronger）這一格言是古柏坦的好友、巴黎阿奎埃爾修道院院長迪東（Henri Didon），在一次學生舉行的戶外運動會上鼓勵學生們時說過的一句話，他說：「在這裡，你們的口號是：更快、更高、更強。」古柏坦借用過來，將這句話用於奧林匹克運動。

1920 年，國際奧會正式確認「更快、更高、更強」為奧林匹克格言，在 1920 年安特衛普奧運會上首次使用。此後，奧林匹克格言的拉丁語「Citius、Altius、Fortius」出現在國際奧會的各種出版物上。

2021 年 7 月，國際奧林匹克委員會在會議上通過修改格言。原本在 2020 年舉辦的東京奧運會因嚴重特殊傳染性肺炎（COVID-19）疫情影響延期一年，在舉辦之前，為反映全球面對疫情的團結一心，將奧運官方格言「更快、更高、更強」更改為「更快、更高、更強、更團結」（Faster, Higher, Stronger, Together）。拉丁文版本變成 Citius, Altius, Fortius —— Communiter。

奧林匹克格言充分表達了奧林匹克運動所宣導的不斷進取、永不滿足的奮鬥精神。雖然只有短短的幾個字，但其含義卻非常豐富。它不僅暗示在競技運動中要不畏強手、勇於競爭、勇於勝利，而且鼓勵人們在自己的生活和工作中要不甘平庸、朝氣蓬勃、永遠進取、超越自我，將自己的潛能發揮到極限。

▶ 精神

《奧林匹克憲章》指出，奧林匹克精神就是相互了解、友誼、團結和公平競爭的精神。奧林匹克精神對奧林匹克運動具有十分重要的引導作用。

首先，奧林匹克精神強調對文化差異的包容和理解。

其次，奧林匹克精神強調競技運動的公平與公正，人人平等，實現更高、更快、更強的理想。正如已故美國著名黑人田徑運動員傑西‧歐文斯（James Cleveland "Jesse" Owens）所說：「在體育運動中，人們學到的不僅僅是比賽，還有尊重他人、生活倫理、如何度過自己的一生以及如何對待自己的同類。」

▶ 宗旨

《奧林匹克憲章》指出，奧林匹克運動的宗旨是：「透過沒有任何歧視、具有奧林匹克精神 —— 以友誼、團結和公平競爭的精神相互理解的體育活動來教育青年，因而為建立一個和平的更美好的世界做出貢獻。」

▶ 奧林匹克日

1948 年 1 月，國際奧會在第 42 次全體會議上，將每年的 6 月 23 日定為奧林匹克日，舉行慶祝活動，紀念國際奧會的誕生，宣傳奧林匹克理想和推動普及運動。自 1987 年起，舉行「奧林匹克日長跑」。

▶ 獎牌

1896 年，在雅典舉行的第一屆現代奧林匹克運動會上，冠軍獲得的是一枚銀質獎牌和一個橄欖枝做的花冠，亞軍獲得的是一枚銅質獎牌和一頂桂冠。此獎牌是由法國藝術家儒勒·夏普朗精心設計的。

第二屆奧運會在巴黎舉行時，競賽組委會規定要頒發「特別富有藝術意義」的獎品，因而取消了獎牌，而給每個奧運會參加者發了一枚長方形的紀念章，圖案是勇士手執橄欖枝。

隨後的幾屆奧運會中，獎牌圖案設計都各具風格，沒有形成固定的樣式。直到 1928 年，奧運會在荷蘭的阿姆斯特丹舉行，獎牌由義大利佛羅倫斯藝術家朱塞佩·凱西奧里教授設計，圖案是象徵友愛、和睦、團結的手抱橄欖枝的女塑像。這枚

獎牌不僅授予運動員，也授予與奧運會同時舉行的藝術競賽的優勝者。自此，以後各屆奧運會獎牌正面的圖案保持不變，只把舉辦地名與屆數作相呼應的變更。

▶ 聖火

奧運聖火首次出現在 1928 年阿姆斯特丹奧運會上。當時古柏坦提出了這一想法，但僅限於在體育場附近的一個噴泉盛水盤上點燃聖火。

古代奧林匹克運動會點燃聖火的儀式，起源於古希臘人類自上天盜取火種的神話，在奧林匹亞宙斯神前，按宗教的儀式在祭壇上點燃火種，然後持火炬跑遍各城邦，傳達奧運會即將開始的訊息，各城邦必須休戰，忘掉仇恨與戰爭，積極準備參加奧運會的競技比賽，因此火炬象徵著和平、光明、團結與友誼。

1920 年，為了紀念大戰結束，安特衛普奧運會燃點了象徵和平的火焰；1928 年，阿姆斯特丹奧運會期間在一座高塔上燃燒著火焰，而且火種是從奧林匹克以聚光鏡取得的。1934 年，國際奧會確認燃點聖火儀式，並於 1936 年 7 月 20 日在奧林匹亞舉行了取火儀式（1936 年柏林奧運會）。

▶ 吉祥物

在奧運史上，吉祥物第一次出現在 1972 年的慕尼黑奧運會上，此後吉祥物就成為每一屆奧運會具有形象特徵的重要組成部分。

　　在吉祥物的藝術形式上，1992 年巴賽隆納奧運會以前，奧運會吉祥物大多以舉辦國有特色的動物形象為創作原型，一般是一個物種。1992 年後，奧運會的吉祥物出現了人物，或者是完全虛擬的形體，數量也有所變化。1998 年長野冬奧會吉祥物有四種，2000 年雪梨奧運會吉祥物有三種，2004 年雅典奧運會有兩種，而 2008 年北京奧運會更多達五種。不管是什麼樣的形式，其基本的創作核心是有利於表達當屆奧運會的主題，有利於表現主辦城市獨特的地域特徵、歷史文化和人文特色，同時有利於市場開發和保護。

奧運會的儀式

　　奧運會的儀式主要有開幕式、閉幕式、頒獎儀式和宣誓誓詞四個部分。

▶ 開幕式

　　奧運會開幕式內容包括基本儀式和富有民族特色的團體體操及大型體育文藝表演，基本儀式包括以下固定程式：

1. 奧運會組織委員會主席宣布開幕式開始，國際奧會主席和奧運會組織委員會主席在運動場入口迎接東道國國家元首，並引導他到專席就座。

2. 各代表團按主辦國語言的字母順序列隊入場（但希臘和東道國代表團例外，按慣例希臘代表團最先入場，東道國最後）。

3. 奧運會組織委員會主席致詞。

4. 國際奧會主席致詞。

5. 東道國國家元首宣布奧運會開幕，奏〈奧林匹克聖樂〉，同時奧林匹克會旗以水平展開形式進入運動會場，並從賽場的旗桿上升起。

6. 奧林匹克火炬接力跑進入運動場，最後一名接力運動員沿跑道繞場一周後點燃奧林匹克聖火，放飛鴿子。

7. 各代表團旗手繞主席臺形成半圓形，主辦國的一名運動員登上講臺，左手執奧林匹克會旗的一角，舉右手宣誓。

8. 主辦國的一名裁判登上講臺，以同樣的方式宣誓。

9. 演奏或演唱主辦國國歌。

　　上述固定程式結束後，由東道國進行大型體育文藝表演。一般開幕式的成敗與否，在很大程度上取決於大型體育文藝表演的效果。

▶ 閉幕式

　　閉幕式首先由各代表團的旗手按開幕式的順序列縱隊進場，在他們後面是不分國籍的運動員隊伍，旗手在講臺後形成半圓形。

　　國際奧會主席和當屆奧運會組織委員會主席登上講臺，希臘國旗從升冠軍國旗的中央旗桿右側的旗桿升起，主辦國國旗從中央旗桿升起，下屆奧運會主辦國的國旗從左側旗桿升起。

主辦城市市長登上講臺，把會旗交給國際奧會主席，國際奧會主席把會旗交給下屆奧運會主辦城市的市長。

奧運會組織委員會主席致詞，國際奧會主席致閉幕詞。緊接著，奧林匹克聖火在號聲中熄滅，奏〈奧林匹克聖樂〉的同時，奧林匹克會旗徐徐降下，並以水平展開的形式送出運動場，旗手緊隨其後退場。同時演奏歡送樂曲。各代表團退場。

最後，進行精彩的文藝表演。由主辦國把奧運會旗幟轉交給下屆主辦國代表，並緩緩熄滅聖火。

▶ 頒獎儀式

在奧運會期間，獎牌應由國際奧會主席（或由他選定的委員）在有關的國際單項體育總會主席（或其代表）陪同下頒發。

通常情況下，在每項比賽結束後，立即在舉行比賽的場地以下述方式頒獎：獲得前三名的運動員身著正式服裝或運動服登上領獎臺，面向官員席。冠軍所站的位置稍高，然後宣布他們的名字。冠軍代表團的旗幟應從中央旗桿升起，第二名和第三名代表團的旗幟分別從中央旗桿右側和左側的旗桿升起。奏冠軍代表團的國歌時，獎牌獲得者應面向旗幟。

▶ 宣誓誓詞

奧運會誓詞於 1913 年由國際奧會通過，1920 年正式實施（1916 年奧運會停辦）。2018 年之後，運動選手、裁判、教練宣誓則使用同一誓詞。

▶ **運動選手的誓詞**

我以全體運動選手的名義，我們承諾尊重且遵守規則，以公平、包容、平等的精神參加本屆奧林匹克運動會。我們團結一心，承諾在體育運動中絕不使用興奮劑，絕不作弊，禁止任何形式的歧視。為了我隊的榮譽，為了尊重奧林匹克基本原則，為了讓世界因體育更美好，我們踐行此誓言。」

▶ **裁判的誓詞**

我以全體裁判和官員的名義，我們承諾尊重且遵守規則，以公平、包容、平等的精神參加本屆奧林匹克運動會。我們團結一心，承諾在體育運動中絕不使用興奮劑，絕不作弊，禁止任何形式的歧視。為了我隊的榮譽，為了尊重奧林匹克基本原則，為了讓世界因體育更美好，我們踐行此誓言。

奧運會的比賽項目

在奧運會的歷史上，共出現了 35 個大項、53 個分項和超過 400 個小項。其中夏季奧運會包括 28 個大項和 38 個分項，冬季奧運會包括 7 個大項和 15 個分項。

2005 年，國際奧會在新加坡全體會議上決定，2012 年倫敦奧運會只設 26 個大項，且今後每屆奧運會最多不得超過 28 個大項。由此傳遞出一個訊息：現代奧林匹克運動延續了幾十年的「擴張主義」已經結束。

　　2007 年，國際奧會又通過一項改革決議：從 2020 年起，奧運會將確定 25 個核心項目，之後每屆奧運會固定設這 25 個大項，另外最多可以增設 3 個臨時項目。這意味著，繼棒球、壘球被「逐出」後，現有的 28 個奧運項目中還有一個要離開。

▶ 古代奧運會比賽項目

　　五項全能（包含鐵餅、標槍、跳遠、賽跑、角力）、賽跑、拳擊、角力、古希臘式搏擊（pankration）（拳擊和角力的混合運動）、戰車競賽、騎馬。

▶ 夏季奧運會比賽項目

　　田徑、籃球、足球、角力、柔道、舉重、射擊、射箭、擊劍、輕艇、馬術、拳擊、手球、網球、跆拳道、羽球、划船、桌球、曲棍球、自由車、帆船帆板、體操、排球、游泳、跳水、水球、鐵人三項、現代五項。

▶ 冬季奧運會比賽項目

　　競速滑冰、短道競速滑冰、高山滑雪、自由式滑雪、越野滑雪、北歐混合式滑雪、跳臺滑雪、現代冬季兩項、有舵雪橇和俯式冰橇、無舵雪橇、花式滑冰、冰壺、冰球、單板滑雪。

歷屆奧運會舉辦地點

　　根據古柏坦的理想，奧運會應該由世界各國城市輪流主辦，這樣有利於奧林匹克精神的傳播。

▶ **國際奧會目前確定奧運會舉辦城市採用的程序**

1. 由申辦城市向國際奧會提出書面申請。

2. 國際奧會執行委員會對提出申辦的城市進行初步篩選。

3. 國際奧會評估委員會對申辦城市進行實地考察。

4. 國際奧會全體會議投票確定舉辦城市。

5. 國際奧會與舉辦城市簽約。

▶ **夏季奧運會舉辦地**

第一屆奧運會：1896 年 4 月 6 日～ 15 日 希臘·雅典

第二屆奧運會：1900 年 5 月 14 日～ 10 月 28 日 法國·巴黎

第三屆奧運會：1904 年 7 月 1 日～ 11 月 23 日 美國·聖路易斯

第四屆奧運會：1908 年 4 月 27 日～ 10 月 31 日 英國·倫敦

第五屆奧運會：1912 年 5 月 5 日～ 7 月 27 日 瑞典·斯德哥爾摩

第六屆奧運會：1916 年 德國·柏林（因第一次世界大戰停辦）

第七屆奧運會：1920 年 4 月 20 日～ 9 月 12 日 比利時·安特衛普

第八屆奧運會：1924 年 5 月 4 日～ 7 月 27 日 法國·巴黎

第九屆奧運會：1928 年 5 月 17 日～ 8 月 12 日 荷蘭·阿姆斯特丹

第十屆奧運會：1932 年 7 月 30 日～ 8 月 14 日 美國·洛杉磯

第十一屆奧運會：1936 年 8 月 1 日～ 16 日 德國·柏林

第十二屆奧運會：1940 年 先日本·東京，後芬蘭·赫爾辛基

第十三屆奧運會：1944 年 英國·倫敦（因第二次世界大戰停辦）

第十四屆奧運會：1948 年 7 月 29 日～ 8 月 14 日 英國·倫敦

第十五屆奧運會：1952 年 7 月 19 日～ 8 月 3 日 芬蘭·赫爾辛基

第十六屆奧運會：1956 年 11 月 22 日～ 12 月 8 日 澳洲·墨爾本

第十七屆奧運會：1960 年 8 月 25 日～ 9 月 11 日 義大利·羅馬

第十八屆奧運會：1964 年 10 月 10 日～ 24 日 日本・東京

第十九屆奧運會：1968 年 10 月 12 日～ 27 日 墨西哥・墨西哥市

第二十屆奧運會：1972 年 8 月 26 日～ 9 月 11 日 德國・慕尼黑

第二十一屆奧運會：1976 年 7 月 17 日～ 8 月 1 日 加拿大・蒙特婁

第二十二屆奧運會：1980 年 7 月 19 日～ 8 月 3 日 蘇聯・莫斯科

第二十三屆奧運會：1984 年 7 月 28 日～ 8 月 12 日 美國・洛杉磯

第二十四屆奧運會：1988 年 9 月 17 日～ 10 月 2 日 韓國・首爾

第二十五屆奧運會：1992 年 7 月 25 日～ 8 月 9 日 西班牙・巴塞隆納

第二十六屆奧運會：1996 年 7 月 19 日～ 8 月 4 日 美國・亞特蘭大

第二十七屆奧運會：2000 年 9 月 15 日～ 10 月 1 日 澳洲・雪梨

第二十八屆奧運會：2004 年 8 月 13 日～ 29 日 希臘・雅典

第二十九屆奧運會：2008 年 8 月 8 日～ 24 日 中國・北京

第三十屆奧運會：2012 年 7 月 27 日～ 8 月 12 日 英國・倫敦

第三十一屆奧運會：2016 年 8 月 5 日～ 21 日 巴西・里約熱內盧

第三十二屆奧運會：2021 年 7 月 23 日～ 8 月 8 日 日本・東京（因嚴重特殊傳染性肺炎疫情影響延遲一年舉辦）

▶ 冬季奧運會舉辦地

第一屆冬奧會：1924 年 1 月 25 日～ 2 月 4 日 法國・霞慕尼

第二屆冬奧會：1928 年 2 月 11 日～ 3 月 18 日 瑞士・聖莫里茲

第三屆冬奧會：1932 年 2 月 4 日～ 15 日 美國・普萊西德湖

第四屆冬奧會：1936 年 2 月 6 日～ 16 日 德國・加爾米施 - 帕滕基興

第五屆冬奧會：1948 年 1 月 30 日～ 2 月 8 日 瑞士・聖莫里茲

第六屆冬奧會：1952 年 2 月 14 日～ 25 日 挪威・奧斯陸

第七屆冬奧會：1956 年 1 月 26 日～ 2 月 5 日 義大利・科爾蒂納丹佩佐

第八屆冬奧會：1960 年 2 月 18 日～ 28 日 美國・斯闊谷

第九屆冬奧會：1964 年 1 月 29 日～ 2 月 9 日 奧地利・因斯布魯克

第十屆冬奧會：1968 年 2 月 6 日～ 18 日　法國‧格勒諾勃
第十一屆冬奧會：1972 年 2 月 3 日～ 13 日　日本‧札幌
第十二屆冬奧會：1976 年 2 月 4 日～ 15 日　奧地利‧因斯布魯克
第十三屆冬奧會：1980 年 2 月 13 日～ 24 日　美國‧普萊西德湖
第十四屆冬奧會：1984 年 2 月 8 日～ 19 日　南斯拉夫‧塞拉耶佛
第十五屆冬奧會：1988 年 2 月 13 日～ 28 日　加拿大‧卡爾加里
第十六屆冬奧會：1992 年 2 月 8 日～ 23 日　法國‧阿爾貝維爾
第十七屆冬奧會：1994 年 2 月 12 日～ 27 日　挪威‧利勒哈默爾
第十八屆冬奧會：1998 年 1 月 7 日～ 22 日　日本‧長野
第十九屆冬奧會：2002 年 2 月 8 日～ 24 日　美國‧鹽湖城
第二十屆冬奧會：2006 年 2 月 10 日～ 26 日　義大利‧都靈
第二十一屆冬奧會：2010 年 2 月 12 日～ 28 日　加拿大‧溫哥華
第二十二屆冬奧會：2014 年 2 月 7 日～ 23 日　俄羅斯‧索契
第二十三屆冬奧會：2018 年 2 月 9 日～ 25 日　南韓‧平昌
第二十四屆冬奧會：2022 年 2 月 4 日～ 20 日　中國‧北京

國際奧會

　　國際奧林匹克委員會是奧林匹克運動的最高管理機構，它根據《奧林匹克憲章》的要求，確保奧運會按時、順利舉行，並且積極、支持女子運動的發展，推廣運動精神，保護運動員。

　　國際奧會包括 115 名透過選舉產生的委員（到 2003 年 10 月 11 日，國際奧會委員總數達到 130 名），並且在每年召開一次全體委員大會。國際奧會全體委員大會負責選舉任期 8 年、延長期為 4 年的國際奧會主席，同時全體委員大會還負責選舉任期 4 年的國際奧會執行委員會。

　　國際奧會對奧運會的組織、市場、轉播以及所有衍生產品擁有全部權利，以確保奧運會的獨立性和廣泛性。奧林匹克運動從奧運會的賽事轉播權的盈利中獲得主要經濟支助，此外，奧林匹克運動還從奧林匹克夥伴和世界範圍的贊助商中獲得經濟支持。

▶ 國際奧會的日常工作

　　在國際奧會主席的管理下，由國際奧會總幹事負責，並由國際奧會幹事協助管理。各幹事處理自己管理的機構、部門的相關事宜，包括：奧運會、國際合作和發展、財務和管理、體育、國家奧會聯絡、技術、通訊、資訊管理、媒體和市場服務、法律事務、醫療和科技、奧林匹克博物館以及奧林匹克團結計畫。

▶ 國際奧會的任務

　　國際奧會管理機構的主要任務包括：起草、執行和監督國際奧會全體委員大會、執委會的相關決議和政策；準備和監督各相關工作委員會；與各單項體育總會、國際奧會和各舉辦國奧運會組委會的聯絡；協調奧運會準備；統籌和準備其他奧林匹克活動；傳遞奧林匹克運動的相關資訊；向奧運會申辦城市提出相關的建議；與國際政府和非政府的體育、衛生和文化等相關機構聯繫；與奧林匹克團結基金委員會聯繫，執行國際奧會主席和執委會的相關決議和任務。

球類運動

　　球類運動是以球作為基礎的運動或遊戲，包括足球、棒球、桌球、撞球、籃球、壘球、網球、排球、馬球、槌球、高爾夫球等多種運動類型。

棒球

棒球是一項團體球類運動，法定比賽人數最少為九人，其近似的運動項目為壘球。棒球球員分為攻、守兩方，球員利用球棒和手套，在一個扇形的棒球場裡進行比賽。比賽中，兩隊輪流攻守，當進攻球員成功跑回本壘，就可得一分。九局內得分最高的一隊即勝出。

▶ 棒球的歷史

棒球的起源有幾個說法，一般認為棒球源自於板球運動，目前被發現最早的正式規則是亞歷山大‧卡特來特（Alexander Joy Cartwright, Jr.）在 1845 年所出版的版本，這份檔案所記載的規則，與大部分現代人對棒球的印象相符。

1846 年，第一場有正式紀錄的棒球比賽出現。1865 年南北戰爭結束後，南方的美國人有機會接觸到棒球，棒球在美國廣泛流傳。1869 年，第一支職業球隊成立，隊名為辛辛那提紅襪（即現在的辛辛那提紅人隊）。1870 年以前一直沒有球隊可以擊敗他們。

▶ 棒球的規則

棒球的場地是每邊為 90 英尺的菱形場地，每一個角上放一壘包，就是壘，由本壘順序往前數，是一壘、二壘、三壘。本壘有本壘板而沒有壘包。邊線以內的地區，叫做內野，超出內野的有效區，叫外野，由本壘到一壘和三壘邊線延長所包括的區

域，就是有效區。雙方隊員都要爭取上壘，一壘一壘地推進，直到回本壘就算得分，以得分多少來分勝負。

▶ 場地裝備

1. 棒球場並沒有固定的規格，棒球聯盟會加以限制。內野方面，會有一個標準的規格；至於外野則較為寬鬆，外野的圍牆以及觀眾席最少距離本壘約 83.33 公尺，左右外野的距離為 108.33 公尺以上，中外野為 133.33 公尺以上，而且沒有規定兩邊一定得平等。由於球規沒有規定圍牆的高度，波士頓紅襪隊主場芬威球場的「綠色怪物」就高達 12.33 公尺。

2. 手套和球棒：在防守的時候，所有球員會穿上手套。同樣地，進攻的時候會使用球棒擊球。但是在最初的棒球比賽中是不用手套的，隨著棒球運動發展，球員才開始使用手套。在正式的比賽中一壘手和捕手所用的手套有所不同。至於球棒方面，其長度不可以超過 107 公分，而球棒的寬度就不可以超過 7 公分。在業餘棒球比賽中球員可以使用金屬球棒。不過職業棒球比賽中，球員只可使用木製的球棒。

▶ 棒球的流行性

棒球在國際並不十分流行，不過在一些國家和地區被視為主流運動，如美國、日本、韓國、臺灣、多明尼加共和國、委內瑞拉、古巴等。

目前，國際棒球總會亦舉辦棒球世界盃比賽，但知名度不大。棒球在 1984 年夏季奧林匹克運動會開始成為示範項目之

一，1992 年升為正式項目，不過在 2008 年奧林匹克運動會之後即將停辦。2006 年，美國職棒大聯盟跟國際棒球總會合作舉辦了世界棒球經典賽，這世界棒球經典賽能否再讓棒球受到世界體育界的注目仍有待觀察。

▶ 棒球的現況

1992 年，棒球成為奧運會正式比賽項目。到 2004 年為止，國際棒球總會共有 112 個會員國。現今美國、日本、韓國、臺灣、墨西哥、荷蘭、多明尼加、委內瑞拉、巴拿馬、尼加拉瓜、波多黎各等國均擁有自己的職業棒球聯盟。

美國職棒大聯盟是目前世界上水準最高的職業棒球賽事，各國的棒球選手也多以站上美國職棒大聯盟的球場為畢生最高職志與夢想。

2005 年 7 月 8 日，國際奧林匹克委員會正式宣布，棒球將不會被列入 2012 年倫敦奧運會的比賽項目中，理由是參與的國家太少。而 2016 年後棒球能否再被列入奧運會則未確定。

▶ 世界各國的棒球實力

國際棒球總會首次進行世界棒球排名，以各個世界高水準賽名次積分方式（每少一名次，分數就少 10 分），以及洲際杯等二級水準（每少一名次，分數就少 5 分）的名次按積分多到少排名，截至 2021 年底為止最新前十名名次分別是日本、臺灣、南韓、墨西哥、美國、委內瑞拉、多明尼加、荷蘭、古巴、澳洲。

小知識 —— 著名棒球球隊和球員

- 球隊：紐約洋基隊、波士頓紅襪隊、西雅圖水手隊、聖路易紅雀隊、亞利桑那響尾蛇隊、芝加哥白襪隊等。
- 球員：貝比·魯斯、瑞吉·傑克遜、保羅·奧尼爾、羅傑·馬里斯、懷迪·福德、朗·吉德利、羅傑·克萊門斯、比爾·迪奇、王建民、布賴恩·沙克福德、王貞治、辛普森、樸贊浩、松井秀喜、鈴木一朗、佐佐木主浩、野茂英雄、井川慶等。

桌球

　　桌球是世界流行的球類體育項目。它的英語官方名稱是「table tennis」，意為「桌上網球」。

　　桌球一名源自 1900 年，因打擊時發出「Ping Pong」的聲音而得名，中國將「乒乓球」作為它的官方名稱，香港及澳門等地區亦同時使用。而臺灣和日本則稱之為桌球，意指球桌上的球類運動。

▶ 桌球的歷史

　　桌球由網球發展而來。起源於 19 世紀末英國。20 世紀初，桌球運動在歐洲和亞洲迅速發展。1926 年，在德國柏林舉行了國際桌球邀請賽，同時成立了國際桌球總會。桌球於 1988 年的夏季奧運會中被首次列為奧運會正式比賽項目。

▶ 桌球發展

桌球在世界範圍內作為一種娛樂項目而廣泛流行。近 20 年由於戰績出色，中國桌球隊在世界獨占鰲頭，誕生了一批頂尖選手。

其他優秀選手來自世界各地，如瑞典、韓國等。桌球運動在匈牙利、克羅埃西亞也很流行，因此這些國家也誕生了出色的運動員。

▶ 比賽用具

球拍由膠皮、海綿、底板組成。膠皮必須一面是紅色，另一面是黑色。球拍的大小、形狀和重量不限，但是在使用材料上有一定限制，必須 85% 為木材，其餘可以是纖維，例如編織碳，底板應平整、堅硬，法國選手埃洛瓦（Damien Eloi）所使用的球拍是小提琴形狀的，但並不違反規定。

▶ 桌球的打法

現在的國際球壇上主要有以下幾種打法：

· 直拍左推右攻，例如臺灣的蔣澎龍、韓國的柳承敏、中國的楊影。
· 直拍橫打弧圈結合快攻，例如中國的馬琳、王皓、李靜。
· 橫拍弧圈結合快攻，例如中國的孔令輝、王楠、王勵勤。
· 橫拍快攻結合弧圈，例如中國的鄧亞萍、張怡寧。
· 削攻結合，例如韓國的朱世赫、金景娥、中國的丁松。

小知識 ── 桌球的大滿貫

桌球運動的「大滿貫」是指獲得奧林匹克運動會單打冠軍、世界錦標賽單打冠軍、世界盃單打冠軍。

現在，國際球壇上一共有六位大滿貫運動員，分別是瑞典的瓦爾德內爾、中國的鄧亞萍、劉國梁、孔令輝、王楠和張怡寧。

保齡球

保齡球是持球者用滾動球的方式擊倒球道上排成正三角形的十個球瓶的運動。

「保齡球」這名稱是英文 Bowling 的音譯。在此之前它還曾被意譯為「地球」，早在西元前 7200 年古埃及的古墓中，考古學家發現了九個球瓶和一個石球，因而推斷那時可能就有類似保齡球的運動。在埃及發現的西元前 332 到 30 年的建築遺跡可能是被發現的人類最早的保齡球場。到了 3～4 世紀的歐洲，打保齡球變成了宗教儀式，把球瓶當作是惡魔，然後用球去擊倒，作為除魔的象徵。而中世紀的宗教革命之後的德國，保齡球逐漸發展起成為九瓶運動。在 16 世紀傳入美國，然後逐漸演變成為現在的十個球瓶的保齡球運動。

▶ **基本禮節**

打保齡球也有一些基本的禮節和注意事項：

· 打保齡球時，務必換上保齡球專用的鞋。

- 記住自己選的球，切勿把球和別人混在一起，也不要拿別人的球來丟。
- 盡量禮讓相鄰球道的球友，等對方完成投球動作再開始動作。另外，通常先讓右邊的球道投球，不要兩旁的球道同時投球。無論是準備、投球還是完成動作，都不要在球道上逗留太久，以免讓旁邊球道等待過久。
- 盡量不要用丟的方式投球以免球從空中掉落在球道造成球道損壞。
- 盡量不要大聲喧鬧，影響到隔壁球道的球友投球。

▶ 記分方式

記分單位是局，每局共有十個計分格。每個計分格最多有兩次投球的機會。若第一次投球就打倒全部球瓶，那該次的記分格就記 strike（全倒或全中），結束該次計分格；若第一次沒有全倒，則可以再投第二次，且如果把剩下的球瓶都擊倒就記 spare（補中）。

如果擊出 strike，則該次計分格的分數需要擊倒十瓶的 10 分再加上後面兩次丟球所打倒的球瓶分數。如果擊出 spare，則該次計分格的分數需要擊倒十瓶的 10 分再加上後面一次丟球所打倒的球瓶分數。

所以如果在第十個計分格打出 strike 或是 spare 就會再多出一次丟球的機會，這樣才能決定第十個計分格的分數。換言之，第十個計分格最多可丟三次。

綜合以上，單局最高分為 300 分，即連續投出 12 個

strike，該局被稱為 PERFECT GAME。

▶ **場地裝備**

1. 球道：保齡球球道由助走用的走道、讓球滾動的滾球道和放置球瓶的球瓶區所構成。材質一般為耐撞擊的漆樹或松；球道主要由細長板條（寬約 3 公分，厚約 15 公分）39 塊合併而成；球道長 19.15 公尺，寬 1.024～1.066 公尺，犯規線到 1 號球瓶的距離為 18.26 公尺。為了保護球道表面，通常在上面塗上一層特殊的防護漆。

2. 球瓶：球瓶的材質為漆木，外層塗上一層塑膠保護漆，基本顏色為白色，高 38 公分，最粗的部位為直徑 12 公分，底部直徑 5.02 公分。重量 1.4～1.6 公斤不等。一組十個球瓶中，最重的和最輕的差距不能超過 113 公克。

3. 球：保齡球材質為非金屬材質，現今的保齡球中心以軟木塞和合成強化橡膠混合組成，外層用硬質橡膠、塑膠、玻璃纖維包圍而成。直徑 21.5 公分，圓周 68.5 公分。重量依照國際規定最重到 16 磅（每磅為 0.454 公斤）。一個人憑喜好選擇所丟的保齡球的重量，通常為 8～16 磅。球上有三個洞，分別放入拇指中指和無名指，以便抓球和丟球。

4. 鞋：打保齡球所穿的鞋子左右鞋底各不同。用右手持球者，其右腳鞋的腳底會有橡膠，左腳鞋的腳底會有皮革或布塊，其目的是為了作滑步的動作；反之，左手持球者，是右腳鞋的腳底會有皮革或布塊。

▶ 保齡球術語

- · 預備姿勢：開始助跑前的姿勢。
- · 失誤：投球兩次後留下一個以上的球瓶。
- · 公用球：球館準備給沒有帶球或是沒球的球友的球。
- · 球道條件：依照其塗油分布方式及地方的不同，會影響到球的速度及彎曲方式。
- · 球溝：球到兩側所作的溝。
- · 洗溝球：球沒有擊中任何球瓶。
- · 火雞：連續三次全中。關於名字的由來，據說是保齡球在中世紀歐洲的農民在農閒或是在節日的休閒運動，當時要連續三次全倒非常困難，所以在感恩節時大家就將火雞作為獎品，火雞的說法因此而流傳下來。
- · 犯規：投球中或完成時腳超過犯規線，該次投球 0 分。

冰球

冰球，又稱冰上曲棍球，是運動員穿著特製的冰刀、護具和服裝，手持球桿在冰場上擊球的一種冰上球類運動。冰球以擊入對方球門內的球數多者為勝，是世界上最高速的球類運動。

冰球起源於 1950 ～ 1960 年代間的加拿大，隨著駐紮在加拿大東部的士兵遷徙，而傳到整個加拿大。第一次的正規比賽是在 1879 年 12 月蒙特婁舉行；第一支職業冰球球隊是蒂湖隊，在美國密西根州成立。1904 年美國成立了國際職業冰球聯盟。

　　1908 年，歐洲成立了國際業餘冰球總會，此總會的首次比賽於同年在蘇格蘭格拉斯哥舉行，英國、波希米亞、瑞士、法國和比利時為最初的五個會員國。1917 年，加拿大成立了國家冰球聯盟。

　　目前，全世界加拿大最為熱衷此項運動，主要發展冰球的國家有加拿大、俄羅斯、芬蘭、瑞典、捷克和美國。冰球是冬季奧林匹克運動會的比賽項目之一。

▶ 冰球的規則

　　冰場長度約 200 英尺，寬 85 英尺，四角半圓形；球門高 4 英尺，寬 6 英尺，冰場分為攻區、中區和守區。

　　每隊有守門員一名、翼鋒兩名、中鋒一名、防守後衛兩名，共六人。翼鋒與中鋒合稱前鋒，兩名翼鋒與一名中鋒組成一組進攻線，而兩位防守後衛則組成一組防守組。

　　每場比賽分三局，每局 20 分鐘。設一名裁判，兩名邊線裁判，場外有兩名監門員，還有一名計時員、一名計罰計時員和一名記分員。

▶ 冰球的技術

　　冰球的基本技術可分為滑跑技術和攻防技術兩大類。

　　滑跑技術是冰球運動員必須熟練掌握的最基本技術，包括起跑、正滑、倒滑、慣性轉彎、左右壓步轉彎、急停等。滑行姿勢是上體抬起，稍前傾，眼睛向前看，兩腳蹬冰頻率稍快。這種滑行姿勢有利於在場內驟然急跑急停和頻繁變換方向。

攻防技術包括控制球、傳接球、過人、爭球、射門等進攻技術和阻截、搶球、合法衝撞以及守門員防守等防守技術。射門是各項進攻技術中特別重要的一項。射門方法很多,有拉射、挑射、快拍、擊射和補射等。這些方法又分正拍和反拍兩種方式。現在又發展了彈射和墊拍等射門方法。

▶ 冰球的裝備

- 用具:用具包括冰球鞋、冰球刀、護具、冰球桿。
- 冰球鞋:為高腰型,鞋頭、鞋幫、兩踝、後跟等外層均為硬質。現在國際上多用尼龍纖維鞋幫、塑膠底的冰球鞋。這種鞋比皮製鞋輕,堅硬、耐濕,適合室內冰場使用。
- 冰球刀:多採用全塑刀托,優質合金鋼刀刃,具有品質輕、抗擊打、不易生鏽等優點。
- 守門員冰刀與運動員冰刀有較大區別,它全用金屬製作,刀身矮而平,刀刃與刀托有多處連接以防漏球。
- 護具:包括頭盔、面罩、護肩、護胸、護腰、護身、護肘、手套、內褲、護腿、護踝等。現代冰球護具一般多採用輕體硬質塑膠外殼,內襯海綿或泡沫塑料軟墊。守門員戴有特製的面罩、手套、加厚的護胸及加厚加寬的護腿。
- 冰球桿:用木質材料製成,從根部至桿柄端不能長於 147 公分,桿刃不得長於 32 公分,寬為 5 ～ 7.5 公分。守門員球桿桿柄的加寬部分從根部向上不得長於 71 公分,不寬於 9 公分,桿刃長不超過 39 公分,寬不超過 9 公分。

· 冰球：為黑色硬橡膠或經國際冰總批准的材料製成，球厚
2.54 公分，直徑 7.62 公分，重量為 156 ～ 170 公克。

撞球

　　撞球，又稱桌球（港澳）或檯球（中國），是一項有多種
玩法的技巧性運動，其共同點是使用撞球桿撞擊一般為白色的
母球，令其在撞球桌上滾動並撞擊其他球（子球），以達成特
定目的。

　　撞球運動的起源地目前尚無定論，有起源於西班牙、英國、
法國等幾種不同的說法，但起源時間則公認為在 14 ～ 15 世紀
之間。

　　撞球最初應該是一項在草地上進行的戶外運動。參與者將
一支長曲棍一端靠在肩上，握住另一端去打擊圓石，令其滾動
相碰。後來，有人將其搬至室內，改在四面有框的桌面上玩，
參與者以曲棍打擊圓球，令球與球相撞而得分，發展了最初的
無袋式撞球比賽。

　　當時在美國同樣使用兩個球，但球的材質改為用象牙製
造，並且在檯面上豎立類似錘球的金屬球門，使球透過球門而
得分，形成落袋式撞球的雛型。

▶ 撞球的分類

　　撞球流行於世界各國，但有不同的分類方法，可以根據國
家、撞球的數量以及撞球的擊球技巧進行分類。

1. 按有無袋口分：落袋撞球、開侖（Carom）撞球。

2. 按國家分：法式撞球、英式撞球、美式撞球。

3. 按規則及打法分：司諾克撞球、8 球、9 球、14.1、15 球積分、3 球開侖、4 球開侖。

▶ 花式撞球

花式撞球使用的球桌有六個袋口，撞擊目的是使色球落入袋口。因使用標有號碼的各色子球（花球），故稱之為「花式撞球」。其玩法有 14-1、8 號球、9 號球及 10 號球等。

▶ 司諾克撞球

司諾克撞球是一種落袋式撞球，因為具有悠久的歷史與獨特的地位，一般單獨成為一類。標準的比賽球桌長 12 英尺，寬 6 英尺。用球包括 1 個白色母球、15 個紅球和 6 個色球。撞擊紅球入袋得 1 分，色球入袋分數依次為黃（2）、綠（3）、棕（4）、藍（5）、粉紅（6）、黑（7）。

司諾克盛行於英國、愛爾蘭、加拿大、澳洲和印度等大英國協成員國以及香港，曾一度流行於臺灣。近十幾年來，司諾克運動也在東亞得到推廣和普及，泰國、中國等都有優秀選手湧現。

在司諾克撞球中，單桿得分是指選手在檯面上一次連續擊球得分獲得的總分數。選手在比賽中的單桿得分，特別是單桿過百的次數是衡量一個選手技術水準的重要指標。選手在正式比賽中打出的單桿過百都會被官方記錄。

▶ 英式撞球

英式撞球是一種結合開侖撞球觀念的落袋式撞球，使用白色、黃色母球各一顆，及一顆紅色子球，主要流行於英國及東南亞各國，在 1998 年亞洲運動會及 2006 年亞洲運動會成為正式比賽項目。

英式撞球的得分方式是：母球先後碰撞另一顆母球及紅球，不論次序，得 2 分；母球碰撞紅球並令其進袋，得 3 分；母球碰撞另一母球並令其進袋，得 2 分；母球碰撞他球後本身進袋，先撞到紅色得 3 分；先撞球另一母球或同時撞到紅球與另一母球，得 2 分。

上述得分方式若同時發生，則可合併計分。

▶ 撞球的國際組織

國際撞球運動總會（WCBS）為全世界各種撞球運動的整合性組織，成立於 1992 年。該會係由四個獨立運作的次級組織共同組成，包括主導開侖撞球的世界撞球聯盟，主導花式撞球的世界花式撞球協會，主導司諾克撞球的世界職業撞球與司諾克協會及其對應的業餘組織國際撞球與司諾克協會。

手球

手球是綜合籃球和足球特點而發展出來的一項運動。

手球運動在 1898 年由丹麥人霍卓·尼爾森（Holger·Nielson）所創。比賽方式為在室內場地兩端各置一球門，雙方

各派七名球員用手傳接球及射門。

1920 年，德國人 Carl·Schelenz 參考門球規則制定了十一人制手球的規則，並極力推廣，自此手球成為歐洲地區極為風行的一項運動。直到第二次世界大戰爆發，歐洲成為主要戰場，手球的推廣運動才暫告中斷。

戰後，國際手球總會（IHF）於丹麥首都哥本哈根成立，大力推廣七人制手球，從此十一人制手球便逐漸衰微。

1972 年，德國慕尼克奧運會首度將七人制手球列為男子組之正式競賽項目；1976 年加拿大蒙特婁奧運會增列女子手球比賽，手球運動也正式成為國際性的運動項目。

手球的特徵是球的體積小，容易控制，因此也較易發揮出球之勁力。場地面積的要求亦較小。規則簡單，危險性不大。運動量適宜，不會過多或過少，全身的筋骨都可以得到適當的活動。機動性與衝擊性強。手球可說是一項適合不同年齡階段人士的活動。

▶ 場上界線

罰球區（9 公尺區）：在此區內的犯規導致的罰球皆在此線進行。

球門區（6 公尺區）：除守方之守門員外，其他球員不得進入，此線離門 6 公尺，故有「6 公尺區」之名。（射門後順勢衝入者例外），9 公尺罰球進行時，防守球員需緊貼此線。

7 公尺罰球線：當裁判判罰 7 公尺罰球時，主罰球員在此線把罰球在 3 秒內開出，因其入球率極高，被稱為「手球的十二碼」。

4 公尺線：所有死球皆須在守方球員離球 3 公尺下開出，守門員也不例外，故有此線。

▶ 場地

手球比賽場地為長方形，長 40 公尺，寬 20 公尺，長界線稱邊線，短界線稱端線。端線包括球門線（球門柱之間）和外球門線（球門的兩側）。球場兩端線中央各放置一球門，球門前各有一扇形的球門區和一個比賽場區。場上的線均屬於它們各自界定的場區的一部分，球門線為 8 公分寬，其餘各線為 5 公分寬。

比賽場區周圍應有安全區，離邊線至少 1 公尺，離外球門線至少 2 公尺。國際手球總會規定了手球場地地板的標準，但必須得到國際手總的正式批准和授權才可使用。

▶ 球門

球門位於各自球門線的中央。球門內徑高 2 公尺，寬 3 公尺，球門應用同樣的木質、輕金屬或合成材料製成。球門橫梁和立柱的截面為 8 公分 ×8 公分。

球門由對比鮮明的兩種顏色（相間為 20 公分，通常為黑色和白色、藍色和白色或紅色和白色）漆成，必須牢固地置於地面。球門立柱的後沿應與球門線的外沿齊平。

球門內應縛掛一張網，使擲入球門的球不會立即彈回。在球門後 1.5 公尺處，還應掛一張寬 9 ～ 14 公尺、高 5 公尺的垂直擋網。

▶ 球

手球比賽用球需得到國際手總的正式批准並印有認可標誌。國際手總標誌為彩色,高 3.5 公分,有「OFFICIAL BALL」(正式用球)字樣。字樣為拉丁字母,字體高 1 公分。

奧運會男子手球採用 3 號球,周長 58 ～ 60 公分,重 425 ～ 475 克;女子手球採用 2 號球,周長 54 ～ 66 公分,重 325 ～ 400 公克。

▶ 球員

在手球運動中,每隊可派出 7 名正選球員上陣比賽,其中一位必須為守門員,守門員之服裝必須與己方隊友有所不同,但可穿長褲。其他場上球員可在雙方球門區外自由走動,而守門員除不可在對方球門區外走動外,場上所有地方都可以進入。

目前,西亞的男子手球運動發展也很快,已經對東亞形成了很大的威脅。當前亞洲的手球強隊,男隊有韓國、日本、科威特和沙烏地阿拉伯;女隊有韓國、朝鮮、日本和中國。

排球

排球是球類運動項目,球場為長方形,中間隔有高網,比賽雙方(每方六人)各占球場一方,用手將球從網上空打來打去。排球運動使用的球用羊皮或人造皮革做外殼,橡膠做膽,大小和足球相似。

美國的春田學院(Springfield College)是排球的發源地,

該校的基督教青年會是最早傳播排球運動的組織。

　排球運動首先傳入加拿大、古巴、巴西等國，第一次世界大戰（1914～1918年）期間傳入法國、義大利等歐洲國家。

　排球運動傳入亞洲始於 1900 年的印度。1913 年，第一屆遠東運動會把排球列入正式比賽項目。由於當時規則尚不完善，亞洲各國的排球運動經歷了 16 人制、12 人制和 9 人制，直到 1950 年代，才逐步過渡到 6 人制排球。

　為適應排球運動的發展，1947 年在法國巴黎正式成立了國際排球總會，負責領導國際排球運動，第一任主席是法國人保羅‧黎伯（Paul Libaud）。國際排聯現已有 222 個會員國。

▶ 場地裝備

　排球場由比賽場區和無障礙區組成。比賽場區的長 18 公尺，寬 9 公尺，分為兩塊等面積（9 公尺 ×9 公尺）的區域，比賽的兩隊各於球場的一邊，每一邊又可分為前區（離中線 3 公尺內的區域）和後區（離中線 3 公尺到 15 公尺的區域），劃分前區和後區的線稱為攻擊線，男子競賽為中線以上最高點離地面 2.43 公尺的網子（女子競賽則是 2.24 公尺）；無障礙區，指的是場地上方不得有任何障礙物的空間，除寬度不得小於 2 公尺外沒有其他限制。

▶ 排球比賽的規則

1. 比賽犯規的項目：用手觸網、排球打中標誌桿、發球時踏中底線、四次擊球、連擊、持球、越中線、越三公尺線高於球

網後排攻擊、觸手出界。

2. 得分：排球比賽採取五局三勝制，先取得三局勝利就是贏了比賽。

自 1999 年起，計分的制度進行了修改。五局三勝制的原則不改變，但首四局改為 25 分制，第五局 15 分制。另外，每局都是直接得分，取消了發球權制。同樣，兩隊 24 分平手（第五局 14 分平手）後就行 Deuce 制，直至其中一方連勝 2 分，才算贏得一局。

3. 球員位置：球員通常不需要掌握全部六種技術—發球、一傳（接發球）、二傳（舉球、托球）、扣球、攔網、防守，而是通常根據球隊的戰術，以其中的一種或幾種為專長。最常見的位置分配包含三種位置：攻擊手（分為主攻手和副攻手）、舉球員（二傳手）和自由球員（專職防守的球員）。為了有效阻擋對方的進攻，並在對方有足夠反應時間之前將球以陡峭的角度高速彈回對方場地，一般來說由身材較高且彈跳力好的球員擔當攻手。

世界主要排球比賽：世界男排錦標賽、世界女排錦標賽、奧運會、世界盃、世界女排大獎賽、世界排球聯賽、世界青年排球錦標賽。

沙灘排球

　　沙灘排球是一項新興的排球運動，由一種在海灘上玩的遊戲變成一項正式的體育比賽。

　　沙灘排球在 1920 年代起源於美國加州聖塔莫尼卡，在十年之內傳入歐洲。1940 年代在聖塔莫尼卡每年都有兩個發獎盃的正式比賽。1960 年代，聖塔莫尼卡人想建立職業球隊，但是沒有成立。同年，法國舉行了第一次職業錦標賽，有三萬多人參加。1970 年代，美國啤酒或香菸公司曾經舉辦過幾場沙灘排球錦標賽。

　　很多美國室內排球奧運會隊員來自聖塔莫尼卡的海灘。技術高超的沙灘排球球員需要決定是否參加職業錦標賽，因為參加職業比賽之後不能進入奧運會球隊。1996 年，沙灘排球成為奧運會正式項目。

▶ 沙灘排球的特點

　　沙灘排球在室外天然的沙灘或者人工建制的沙坑中舉行，規則和室內排球相似，但是一方只有兩人上場。沙灘排球的特殊之處如下：

- 一方兩人（不是六人）
- 球場較小（每邊 8 公尺 ×8 公尺）
- 攔網算第一次接球
- 不准直接用指尖墊球過網，必須扣球過網
- 雙接的規則更嚴格

沙灘排球球員用手勢與同伴交流，一般手勢藏在背後，為防止對方看見。握緊的拳頭說明此人不會攔網，伸出一個指頭說明會向正前方攔網，兩個指頭說會斜著攔網。

▶ 場地裝備

1. 場地：沙灘排球比賽場地包括比賽場區和無障礙區。比賽場區為 16 公尺 ×8 公尺的長方形。場地邊線外和端線外的無障礙區至少寬 5 公尺，最多 6 公尺，比賽場地上空的無障礙空間至少高 12.5 公尺。比賽場地的地面是水平的沙灘，沙灘必須至少 40 公分深，其中沒有石塊、殼類及其他可能造成運動員損傷的雜物。比賽場區上所有的界線寬為 5～8 公分，界線與沙灘的顏色需有明顯的區別，並且由抗拉力材料的帶子構成。

2. 球網：沙灘排球比賽的球網設在場地中央中心線的垂直上空，高度為男子 2.43 公尺，女子 2.24 公尺。球網長 8.50 公尺，寬 1 公尺（±3 公分），網眼直徑 10 公分。球網上有兩條寬 5～8 公分（與邊線同寬）、長 1 公尺的彩色帶子為標誌帶，分別繫在球網的兩端，垂直於邊線。標誌桿是有韌性的兩根桿子，長 1.80 公尺，直徑 10 公釐，由玻璃纖維或類似質料製成。兩根標誌桿分別設置在標誌帶的外沿、球網的兩側。

3. 球：沙灘排球比賽所使用的球由柔軟和不吸水的材料製成外殼（皮革、人造皮革或類似材料），以適宜室外條件，即

使在下雨時也能進行比賽。球內裝橡膠或類似質料製成的球膽，顏色是黃色、白色、橙色、粉紅色等明亮的淺色。球的圓周為 66～68 公分，重量為 260～280 公克，氣壓為 0.175～0.225 公斤／平方公分。

曲棍球

　　曲棍球運動又稱草地曲棍球，是一種比較有趣的球類運動。

　　現代曲棍球運動於 19 世紀下半葉興起於英國，在大英國協成員國非常普及，巴基斯坦、印度等國曾創造過傲人戰績。男、女曲棍球分別於 1908 年和 1980 年被列為奧運會比賽項目。

　　曲棍球運動起源久遠，埃及的金字塔和古希臘的壁雕中都有類似曲棍球比賽的圖像；中國唐代已流行「步打球」，其運動方式與當今流行的曲棍球相近。

　　現代曲棍球運動卻是起源於 19 世紀初的英國，並於 1908 年倫敦奧運會首次成為正式比賽項目，1928 年成為固定比賽項目，1980 年增加了女子項目。

▶ 場地裝備

　　曲棍球場地為綠色的人造草場，場地長 91.40 公尺，寬 55 公尺。球門高 2.14 公尺，寬 3.66 公尺，深度 1.22 公尺。每個半場內有一條 22 公尺線和一條 5 公尺線。球重 156～163 公克；球棍長 80～95 公分，重 340～794 公克，球桿為木質或木質複合材料製成，桿頭背面為圓形；球則由硬質塑膠製成，通常

是白色的,直徑 7.13 ～ 7.5 公分,重 156 ～ 163 公克。

▶ 曲棍球的規則

比賽在曲棍球場上進行,分兩隊,每隊 11 人,分別擔任守門員、前鋒、前衛、後衛等,時間為 70 分鐘。分上下兩半時,中場休息 5 ～ 10 分鐘。

比賽時,每人手執一根曲棍,用其平面擊球,以射入對方球門多者為勝。其位置打法與足球運動相近,通常採用 5 － 3 － 2 陣形和 4 － 3 － 3 陣形,常用技術有揮擊球、運球、接球、鏟擊球、推擊球、推球、守門員踢球等。

馬球

馬上曲棍球,一般簡稱馬球。馬球是運動員騎在馬上,用馬球桿擊球入門的一種體育活動。馬球在中國古代叫「擊鞠」,據中國歷史上的記載其始於漢代,並盛行於唐代,但對於馬球的起源,目前尚沒有確切的說法。

學者普遍認為,馬球的歷史可追溯到西元前 600 年左右的波斯,隨後傳入吐蕃(現今的西藏)、中國中原地區、伊朗和印度等一些亞洲國家。今日的職業馬球運動主要普及於阿根廷、英國、印度、巴基斯坦和美國。

▶ 馬球的規則

馬球是由兩支球隊,各隊三人(小型封閉場地)或四人(正規大型草地)騎在馬上揮動馬球桿擊球,以將球攻入對方

球門為目的的團體競賽活動，和足球、曲棍球、冰球都有相似之處，但自有其甚為獨特的魅力。

馬球比賽時間可以是 4、6 或是 8 巡，但通常大都規定為 6 巡，除有受傷、犯規或不安全情況發生，每巡時間不得超過 7 分鐘。

每隊四名球員根據號碼不同負責不同區域 —— 1 號為前鋒，2 號和 3 號為中鋒，4 號為後衛，場上沒有守門員。如果比賽過程中沒有選手受傷，則不允許替換球員。場上共有三名裁判，兩名邊審位於球場兩邊，一名主審位於球場中間。

▶ 馬球賽場

馬球賽場長 300 碼、寬 160 碼（相當於 9 個足球場大小），兩邊各有一扇球門。

板球

板球（或稱木球、槳球）是由兩隊各 11 人進行對抗比賽的一項團隊運動。其形式起源於英格蘭，盛行於大英國協成員國，如澳洲、紐西蘭、印度、巴基斯坦、辛巴威、斯里蘭卡、南非、西印度群島等地。板球的球季主要在春季與夏季，剛好與在秋季與冬季進行的足球互補。

板球的雛形可以追溯到 12 世紀。1300 年左右，在英格蘭就已經有愛德華一世之子 —— 愛德華王子進行的一種叫做「creag」運動的文字記載。從 17 世紀中葉開始至 18 世紀，板

球從兒童遊戲逐漸轉變為成年男性之間的賭博運動。1788 年，瑪麗勒本板球俱樂部（Marylebone Cricket Club）制定了第一套規範英格蘭各郡之間板球比賽的板球規則。1963 年，英格蘭各郡為減少比賽時間而改良了比賽規則，即每場比賽有嚴格限制的投球輪數限制，由此板球運動進入新紀元。國際板球理事會在 1975 年舉辦了首屆 ODI 板球世界盃比賽。

▶ 板球的規則

板球共有 42 條規則，是由瑪麗勒本板球俱樂部與主要板球比賽國商議而得。如果比賽各隊同意，則可以在特定比賽中改動一些規則。其他規則用來補充和改變主要規則，以適應出現的不同情況。比如，對於嚴格限定好球數的單局比賽會有一系列關於賽程和接球位置的改動。

▶ 場地裝備

1. 球場：板球球場是圓形或橢圓形的草坪，沒有固定的尺寸，但其直徑通常為 450 英尺（137 公尺）～ 500 英尺（150 公尺）。大部分球場還有繩子圈成的邊界線。

2. 方球場：在板球球場中心，有一塊由長方形黏土帶及短草構成的「方球場」，又稱「球道」。方球場的尺寸為 10×66 英尺（3.05×20.12 公尺）。

3. 柱門：方球場的兩頭各立有三根直立木柱，稱為「柱門」。兩根「橫木」放置於柱門頂部的凹槽之中，將三根柱門連接起來。三根柱門和兩根橫木共同組成一個「三柱門」。

4. 板球用球：板球中所用的球中心為軟木，外表為紅色皮革，紅色皮革用線縫製起來。這部分叫做「縫線」。一個全新板球的重量必須不輕於 155.9 公克，或不重於 163 公克，周長不小於 22.4 公分，或不大於 22.9 公分。

5. 球板：全長不能大於 96.5 公分，為全木製造，最寬部位不能大於 10.8 公分。板面可以用物料覆蓋，以達到保護、強化及易於維修的目的。而該物料不能厚於 1.56 毫米，不能對球造成損害。

▶ **國際組織**

　　國際板球理事會（ICC）是板球運動的國際主管團體。其總部位於倫敦，在十個對抗賽國家設有代表處，並有代表非對抗賽國家的小組。每個國家有規範本國板球賽事的國家板球委員會。國家板球理事會通常挑選國家隊並組織國家隊主客場比賽。

　　進行板球運動的國家按照該國基層板球運動的水準分成三個梯隊，最高一級是國際板球理事會的完全會員，即參加對抗賽的國家，它們直接進入四年一屆的世界盃比賽；次之是國際板球理事會的準會員；最低一級是國際板球理事會的接納會員。

橄欖球

　　橄欖球（Rugby），也稱聯合式橄欖球、英式橄欖球或欖球，是衍生自足球的一項團隊球類運動，因使用橄欖型球而得名。

橄欖球起源於英國,原名為拉格比足球。因為其球形狀像橄欖。拉格比其實是一個英格蘭小鎮的名字,在這個小鎮上有一間叫 Rugby School 的公學,是橄欖球運動的誕生地。

1845 年,橄欖球運動發展出第一套規則。1863 年,英格蘭主要的幾個橄欖球俱樂部決定從英格蘭足球協會獨立出來。1871年,正式成立第一個橄欖球運動組織 —— 英格蘭橄欖球總會。

由於當時英國海權極為強盛,橄欖球運動隨著英國海軍向外拓展至英國的屬地、殖民地,隨後又逐漸推廣至其他各國,成為一種世界性的運動。

▶ 場地裝備

1. 橄欖球比賽場地:橄欖球比賽用球橄欖球比賽場地為100 公尺長、70 公尺寬的長方形草地。球場兩長邊為邊線,兩短邊為達陣線。達陣線後方有一深 10 ～ 22 公尺的達陣區,該區底線為死球線。達陣線中央立有球門,門柱相隔 5.6 公尺,在高 3 公尺處有一橫桿相連。場地正中央與兩端達陣線平行處畫有一條中線,兩邊距離中線 10 公尺處各畫有一條虛線,距離達陣線 5 公尺處也各畫有一條虛線,距離達陣線 22 公尺處各畫有一條實線,有時候會標明數位「22」以利識別。兩側距離邊線 5 公尺處各畫一條虛線,距離邊線 15 公尺處各畫數條短實線。

2. 橄欖球比賽用球為橢圓球形,由四塊皮革縫合而成,因形狀與橄欖相似,故中文翻譯成「橄欖球」。

▶ 橄欖球的規則

1. 持球員可以抱球前進，也可以向前踢球。

2. 持球員只能向側後方傳球，不能向前傳球。

3. 球所在位置向左右兩邊拉出的虛擬直線叫「越位線」，攻方球員必須留在越位線的後方，不能越位。

4. 持球員被防守方擒抱倒地時，必須立刻放開手裡的球，擒抱別人的球員必須立刻放開對方。

▶ 各國橄欖球運動發展

橄欖球運動有八大主要聯盟雄踞，分別是法國、澳洲、英格蘭、愛爾蘭、紐西蘭、南非、威爾斯及蘇格蘭。重要的國家代表隊比賽有歐洲的六國錦標賽、南半球的三國橄欖球賽，以及世界盃橄欖球賽。而最重要的俱樂部比賽則為南半球及亞洲最大的聯合式橄欖球俱樂部錦標賽「超級橄欖球聯賽」（Super Rugby），目前由澳洲、紐西蘭、南非、阿根廷、日本五國共 15 支俱樂部球隊參加。

橄欖球是紐西蘭、威爾斯，以及太平洋國家東加、斐濟、薩摩亞等國的國家運動。

▶ 國際重大橄欖球比賽

1. 世界盃：四年一次。

2. 奧運會：每四年一次。橄欖球在 20 世紀的前四屆奧運會上均為正式比賽項目。1924 年，美國隊獲得最後一面橄欖球金牌。

3. 世界盃 7 人制橄欖球錦標賽：每四年一次，是世界 7 人制
   賽的最高賽事。第一屆於 1993 年 4 月 16 日～ 18 日在蘇格
   蘭的愛丁堡舉行。

4. 六國賽：每年法國與英倫四國的對抗賽，後來又加入了義大
   利，是歐洲最高級別的比賽。

5. 三國賽：南半球最高水準的賽事，由澳洲、紐西蘭、南非參
   加。

6. Bledisloe 盃：澳洲與紐西蘭每年一度的對抗賽，是南半球
   最重要的比賽。

7. 亞洲橄欖球錦標賽：每兩年一次，是亞洲橄欖球界的盛大賽
   事。

8. 香港國際 7 人制橄欖球邀請賽：每年一次，由香港橄欖球總
   會主辦，是國際上最負盛名的 7 人制橄欖球賽。

水球

　　水球是一種在水中進行的集體球類運動，是一項結合了游
泳、手球、籃球、橄欖球的運動。比賽的目的類似於足球，以射
入對方球門次數多的一方為勝。水球運動員在比賽時以游泳的
方式運動，除守門員外其他隊員兩手同時握球被視為犯規。

　　1870 年 5 月 12 日，倫敦游泳俱樂部決定組織一個委員會將
足球的規則擴展到水中，他們希望以此來吸引更多的人來從事

游泳運動。1874 年，在倫敦進行了第一次「水上橄欖球」比賽。

1876 年 7 月 14 日第一次「正式」的水球比賽進行。

1884 年英格蘭和蘇格蘭游泳俱樂部聚會並共同制定了水球比賽的規則。

1885 年英國游泳協會承認水球是一個獨立的運動項目並開始統一其規則。

1890 年水球來到美國。

1904 年水球第一次在奧運會上比賽，在 1908 年倫敦的奧運會上已經有 6 個國家參加比賽，1928 年在阿姆斯特丹的比賽上有 14 個國家參加。

▶ 球場裝備

1. 球場最大為 20 公尺寬，30 公尺長，球場的邊緣上有各種不同的顏色標誌著重要的線：中線是白色的，7 公尺線是綠色的，4 公尺線是黃色的，2 公尺線是紅色的。球場的兩端是球門，球門寬 3 公尺，高 90 公分。球場的深度不限，但一般要求大多數運動員不能在水中站立。在水中持球站立、跳躍、雙手持球和封截射門為犯規，在這些情況下對方運動員得球。

2. 水球標準比賽用球水球的球重在 400 ～ 450 公克之間，其周長在 68 ～ 71 公分之間，通常使用黃色，使得在藍色的泳池中更加顯眼。男子運動的球一般比兒童和女子的球大些。

▶ 女子水球

20 世紀初女子水球出現，1906 年在荷蘭第一次進行女子水球比賽。2000 年雪梨奧運會，女子水球成為正式項目。目前，比較強的女子水球隊有荷蘭、美國、澳洲、匈牙利和加拿大。

籃球

籃球是一項由兩支隊伍參與的球類運動，每隊出場 5 名隊員，目的是將球投入對方球籃得分，並阻止對方得分。

籃球運動起源於美國，1936 年首次被列為奧運會正式比賽項目。自 1992 年巴賽隆納奧運會開始，職業籃球選手可以參加奧運會。

籃球是 1891 年加拿大籍美國麻省青年會學院的牧師奈史密斯博士（James Naismith）發明的，由於當地有長而寒冷的冬季，極不適合進行美式足球或棒球等室外運動，於是奈史密斯博士發明了一種適合室內進行的運動，奈史密斯博士不希望他所發明的運動會像美式足球般容易受傷，於是便發明了籃球，並制定了 13 條規則。

籃球在 1904 年被列入奧運會的表演項目，而到了 1936 年柏林奧運會，成為正式比賽項目。而女子籃球到 1976 年蒙特婁奧運會才成為正式項目。

NBA

NBA 是美國第一大職業籃球賽事。協會共有 30 支球隊,分屬兩個聯盟:東部聯盟和西部聯盟;而每個聯盟各由三個賽區組成,每個賽區有五支球隊。30 支球隊當中有 29 支位於美國本土,另外一支來自加拿大的多倫多。

NBA 正式賽季於每年 11 月的第一個星期的星期二開始,分為常規賽和季後賽兩部分。常規賽為循環賽制,每支球隊都要完成 82 場比賽;常規賽到次年的 4 月結束,每個聯盟的前八名(包括各個賽區的冠軍)將有資格進入接下來進行的季後賽。季後賽採用七戰四勝賽制,共分四輪;季後賽的最後一輪稱為總決賽,由兩個聯盟的冠軍爭奪 NBA 的最高榮譽 —— 總冠軍。

1946 年 6 月 11 日,包括紐約麥迪遜花園廣場在內的 11 家球館成立了籃球隊,正式組成全美籃球協會(BAA)。美國冰球聯盟(AHL)的主席莫里斯 · 波杜夫(Maurice Podoloff)擔任了 NBA(BAA)的第一任主席。

1946 年 11 月 1 日,NBA(BAA)歷史上的第一場正式比賽在加拿大多倫多的楓葉花園球場舉行,由多倫多哈士奇隊(Toronto Huskies)主場迎戰紐約尼克斯,共有 7,090 名觀眾湧入球館觀看了這場賽事,結果紐約以 68:66 取得了勝利。費城勇士隊獲得了第一個 NBA(BAA)總冠軍。

1949 年秋,BAA 與國家籃球聯盟(NRL)合併,組成了一個擁有 17 支球隊的大聯盟,並更名為國家籃球協會(NBA)。

進入 1990 年代，NBA 開始邁向國際化。1992 年，美國籃協首次派出由 NBA 職業球員組成的美國國家隊參加奧運會，並以平均每場勝出 44 分的巨大優勢獲得了冠軍，這支由 NBA 頂級球星組成的球隊被稱為「夢幻隊」（Dream Team）。

1996 年，NBA 創辦了女子國家籃球協會（WNBA），2001 年又創立了國家籃球發展聯盟，即現在的 NBA 發展聯盟（D-League）。1999 年，NBA 開辦了自己的電視頻道 NBA-TV。

▶ 黑人球員

1950 年，波士頓塞爾提克隊在第二輪選中了來自杜肯大學的黑人球員查克‧庫珀（Charles H. Cooper），這是 NBA 歷史上第一位入選的黑人，同年一起被選中的還有「糖水」奈特‧克里夫頓（Nathaniel Clifton）（紐約尼克）和厄爾‧洛依德（Earl Francis Lloyd）（華盛頓國會），克里夫頓在三人當中最先獲得了球隊合約。

1950 年 10 月 31 日，洛依德在華盛頓國會隊與沙加緬度國王隊的比賽中登場，黑人球員首次踏上了 NBA 賽場。

進入 1990 年代後，黑人球員在數量上開始超越白人球員。2006 ～ 2007 賽季，黑人球員占 NBA 所有球員的比率已經達到 75%，黑人總教練亦占 NBA 所有總教練的 40%。

1966 年，比爾‧羅素（Bill Russell）成為 NBA 首位黑人總教練，他身為球員兼教練帶領波士頓塞爾提克隊獲得了 1968

年和 1969 年年度的總冠軍；而 NBA 亦成為了第一個擁有黑人總教練的職業體育聯盟。NBA 的首位黑人總經理和球隊老闆分別出現在 1972 年和 2002 年。

▶ 球隊

NBA 由成立之初的 11 支球隊發展到現在的 30 支球隊，期間經歷了許多新球隊的建立，老球隊的變遷或是倒閉。60 年歷史中波士頓塞爾提克隊隊無疑是最成功的球隊，他們一共獲得了 17 個總冠軍，包括 1959 ～ 1966 年的八連冠。洛杉磯湖人隊以 16 次總冠軍的數目僅次其後。

NBA 目前採用的是 2004 ～ 2005 賽季劃分的區域，分為東西兩個聯盟，每個聯盟各有三個賽區，每個賽區有 5 支球隊。

▶ 常規賽

1. 常規賽之前有兩項重要的熱身賽事，分別是夏季聯賽和季前賽。夏季聯賽在選秀之後舉行，由新秀和三年以下球齡的球員參加，主要為考察新人而設，又稱為「拉斯維加斯聯賽」。

2. 季前賽在每年的 10 月分舉行，為常規賽前最後的熱身賽。每支球隊參加季前賽的球員名單與基本常規賽相同，不過主力上場的時間很少以避免受傷，總教練也藉此機會來演練不同的陣容。夏季聯賽和季前賽允許非 NBA 球隊參加，而 NBA 還會把部分季前賽安排在海外進行。

3. 每年 11 月第一個星期的星期二，常規賽正式展開序幕。在常規賽中，每支球隊需要打滿 82 場比賽，主客場各占一

半，其中與同一賽區的球隊要打四場，與同一個聯盟不同賽區的球隊打 3～4 場，與另一個聯盟的球隊打 2 場；一個賽季每支球隊在自己的主場與其他 29 支球隊至少進行一次交鋒。NBA 是目前北美頂級職業運動唯一一個所有球隊在常規賽全部碰面的聯盟。

▶ 全明星週末

在次年 2 月，常規賽將會暫停一週來舉行一年一度的 NBA 全明星賽。美國及加拿大當地球迷對全明星先發陣容進行投票，全世界球迷也可以透過網路來投票。東西部各個位置得票最高的球員將獲得先發，其餘 14 名球員由各隊教練投票選出，全明星教練則是由全明星賽兩週前東西部成績最好的球隊教練擔當。東西部獲勝一方表現最好的球員將獲得全明星賽 MVP（通常是得分最高的球員）。

▶ 季後賽

NBA 季後賽在每年 4 月下旬開始，東西部各有 8 支球隊獲得季後賽資格。東西兩個聯盟中各個賽區的冠軍加上成績最好的賽區第二名組成前 4 號種子，這 4 支球隊再按照常規賽的成績依次排為 1～4 號種子。剩餘 4 支球隊則按成績依次排為 5～8 號種子。

▶ 自由球員

任意球員包括受限制自由球員和完全自由球員，區別在

於，當受限制自由球員與新球隊達成協議（新球隊對球員只能提供邀請合約）的時候，如果球員原屬球隊在 15 天內開出同等價值的合約，那麼可以留住這名球員；完全自由球員則不受原屬球隊的任何約束。

首輪新秀在完成四年的新秀合約後，將自動成為受限制自由球員，而其他自由球員如果在 NBA 效力的時間不足三年也是受限制的。不過，沒有執行新秀合約第三或第四年選擇條款的首輪新秀，或者被球隊選中後放棄的新秀，將成為完全自由球員。

▶ NBA 選秀

NBA 選秀是一年一度的盛事，於每年的 6 月底在紐約的麥迪遜花園廣場舉行。參加選秀的球員必需年滿 19 歲，美國本土球員還必需滿足高中畢業至少一年的要求。

球隊在選中新秀之後可以選擇和他簽約，也可以放棄或者直接交換出去。如果新秀遭到放棄，他將成為自由球員（非受限制），如果是交易的話還沒獲得合約的新秀與選秀權一樣薪金價值為零。球隊與新秀簽約後，60 天內不能把他交易出去。如果新秀不願意與選中他的球隊簽約，而球隊又不同意交易或放棄他的話，該新秀在一年內不能和其他 NBA 球隊簽約，挑選他的球隊保留有一年的簽約權；該新秀還可以參加下一年的選秀。

▶ 籃球名人

NBA 球員可以獲得的最高榮譽，就是入選籃球名人堂，全稱奈史密斯籃球名人紀念堂。不過名人堂並非專門為 NBA 而

設，而是表彰全世界為籃球事業做出卓越貢獻的個人和團隊，包括籃球運動員、籃球教練、籃球裁判、籃球隊伍以及在其他方面為籃球奉獻的人。2021 年入選名人堂的是皮爾斯（Paul Pierce）、波許（Chris Bosh）、華勒斯（Ben Wallace）和韋伯（Chris Webber）等人。

　　NBA50 大巨星是 NBA 在 1996 ～ 1997 賽季為紀念 NBA 成立 50 週年而評選出來的，這 50 名球員總共拿到了 107 個總冠軍，49 次最有價值球員，17 次最佳新秀以及 36 次得分王，他們一共 447 次入選全明星賽，得分總和達到 923,791 分，籃板總數 410,327 個。

小知識 —— 極限籃球

　　極限籃球又稱美式激爆灌籃，是一項兩隊參與的球類運動，每隊皆由 4 名隊員組成。目的是將球投進對方球籃得分，並阻止對方獲得球或得分，是將普通籃球改進後的運動，與一般籃球比賽有明顯的差異。

　　極限籃球是新形態的籃球運動，是結合了籃球與美式足球的另類運動。比賽場地和一般籃球場一樣，但三分線內多了四塊彈簧墊，每個人都可以跳躍灌籃，灌籃成功可以得 3 分，在非特定地點衝撞甚至是合乎規則的，所以要穿上護具以免在比賽中受傷。

　　墊子鋪滿了整個內線區，整塊墊子裡面有四塊顏色不一樣的彈簧墊是灌籃與跳投區，中間連接的部份的墊子則稱作為島。在墊子上可以不用運球。

　　極限籃球的罰則主要有三種，分別為雙人同島、雙人同墊和時間內未出手。

1. 雙人同島：同一隊裡面有兩位以上同時站在島（中間的墊子）上，就算是犯規，要換手攻擊。

2. 雙人同墊：同一隊裡面有兩位以上同時站在同一塊彈簧墊中，就算是犯規，要換手攻擊。（此時就算是入球，也不算得分）

3. 時間內未出手：20 秒內沒出手攻擊成功，就要換手攻擊。

網球

　　網球是一項隔著球網、用球拍擊打橡膠製空心球的運動，是一項奧運會比賽項目，適合社會各階層與各年齡段的人群。

　　網球的前身是 14 世紀流行於法國宮廷的一種叫「掌球戲」（handball）的遊戲，規則是兩名玩家隔著一條繩子，用手掌擊打用布包著頭髮製成的球。而後這種遊戲經過發展和改良，用網代替繩子，並將以手擊球改為用木製球拍，之後又將木拍中拉上弦線。從 18 世紀開始，歐洲民間出現這種遊戲，並且於 19 世紀開始盛行。

　　現代的網球則是 1873 年 12 月由華特‧科洛普頓‧溫菲爾德（Walter Clopton Wingfield）少校在英國發明。

　　1877 年在英國倫敦溫布頓舉行了首場溫布頓網球錦標賽，為現代網球史上最早的比賽。隨著國際網球總會於 1913 年成立，網球運動亦在世界各地得到廣泛的發展。

▶ 球場裝備

1. 標準網球場的長度是 23.77 公尺，單打比賽的球場寬度定為

8.23 公尺，雙打比賽則為 10.97 公尺。球場左右兩旁的線則相應地稱為「單打邊線」或「雙打邊線」。球場兩端的白線稱為「底線」。兩條底線的中間標有短小的中界點。球場周圍必須留出空間。

2. 球網與球場的底線平行穿越整個球場，將球場分為相等的兩部分，因此球網與兩條底線的距離各為 11.89 公尺。球網兩端懸掛在兩邊的網柱上。網柱中心在雙打邊線外的 91.4 公分處。球網在網柱處的高度為 1.07 公尺，在球場中央的高度則是 91.4 公分。球網頂部用白色網邊布包縫。

▶ **網球賽事**

1. 著名網球賽事包括網球四大滿貫、臺維斯盃（Davis Cup）網球賽、網球大師杯賽、ATP 世界巡迴賽總決賽（ATP World Tour Finals）（舊稱網球大師系列賽）、女子協會杯網球賽、年終賽、奧運會網球比賽等，而臺維斯盃、協會杯跟奧運是代表國家，跟其他賽事代表個人不同。

2. 四大滿貫是一年一度網球賽事中最重要的四次比賽，即澳洲網球公開賽（澳網）、法國網球公開賽（法網）、溫布頓網球錦標賽（溫網）、美國網球公開賽（美網）。

時間	比賽	地點	場地
1月	澳洲網球公開賽	墨爾本	硬地
5～6月	法國網球公開賽	巴黎	紅土
6～7月	溫布頓網球錦標賽	倫敦	草地

時間	比賽	地點	場地
9 月	美國網球公開賽	紐約	硬地

　　ATP 世界巡迴賽 1000 大師賽是職業網球總會主辦的男子網球重要賽事，其積分低於大滿貫賽事，而高於其他網球賽事。ATP 世界巡迴賽 1000 大師賽共九站比賽，年終還有 ATP 世界巡迴賽總決賽。九站比賽按時間順序排列為：印地安泉大師賽（美國加州）、納斯達克 100 公開賽（美國佛羅里達州）、蒙地卡羅大師賽（摩納哥蒙地卡羅）、馬德里大師賽（西班牙馬德里）、羅馬大師賽（義大利羅馬）、國家銀行公開賽（加拿大蒙特婁或多倫多）、辛辛那提大師賽（美國俄亥俄州）、上海大師賽（中國上海）和勞力士巴黎大師賽（法國巴黎）等。

　　職業網球組織：相關組織有國際網球總會（ITF），職業網球聯合會（ATP，主管男子職業網球），和國際女子網球協會（WTA，主管女子職業網球）等。

羽球

　　羽球是一項隔著球網、使用長柄網狀球拍擊打平口端紮有一圈羽毛的半球狀軟木的室內運動。依據參與的人數，可以分為單打與雙打。

　　與性質相近的網球運動相比，羽球運動對選手的體格要求並不很高，卻比較講究耐力，極適合東方人。自 1992 年起，羽球成為奧運會正式比賽項目。

　　羽球運動的前身是板羽球,即使用木板拍打紮有羽毛的球體(類似毽子),並讓它避免落地的遊戲,已有近 2,000 年的歷史,在古代歐洲、中國、日本都可以看見它的身影。

　　19 世紀中葉,印度西部的浦納出現了現代羽球運動,當時人們以地名「浦納」來稱呼這種運動。1873 年,英國格洛斯特郡的伯明頓莊園舉行一場公開表演,引起許多人的注意,並逐漸傳播開來。後來人們便以該場表演的莊園名稱「伯明頓」(Badminton)來稱呼這項運動,然而在華語地區該名稱並未得到普及,而是依球具的特點而稱之為「羽球」。

　　1893 年,英國羽球協會成立,協會重新修訂並統一了羽球的比賽規則。1934 年,第一個世界性的羽球組織 —— 國際羽球總會在英國成立,1981 年與成立於 1978 年的世界羽球總會合併,名稱仍為國際羽球總會。2006 年 9 月 24 日,國際羽球總會改名為世界羽球聯盟,目前共有 188 個會員國或地區成員。

▶ 場地裝備

1. 場地:標準的羽球場為長方形,長 13.4 公尺,寬 6.1 公尺,天花板的高度應大於 6.1 公尺。羽球場的網柱必須固定在地面上,有效高度為 1.55 公尺。球網頂部至地面的高度為 1.524 公尺。場地線寬 40 公釐,須用白色或黃色的顏料畫出,並在球場的邊線及底線以外分別要留出 1 公尺和 2 公尺以上的安全空間。羽球球網用深色纖維製成,網孔大小 15 ～ 20 公釐,球網長 6.10 公尺,寬 0.76 公尺。

2. 球具：羽球由 16 根羽毛及球托組成。羽毛長 62 ～ 70 公釐，頂端圍成圓形；球托直徑 25 ～ 28 公釐，重量 4.74 ～ 5.5 公克，底部為圓形。羽球拍的長度不得大於 680 公釐，拍面的長度應低於 290 公釐，寬度低於 230 公釐。

▶ 羽球的球速

「扣殺」是羽球中最有威力的擊球方式，會使羽球向下墜落至對手的中場位置。被扣殺的羽球的最高速率可超越任何其他使用球拍的球類運動的最高球速。需注意的是，所謂「最高速率」是指羽球剛離開球拍後的初速，此後羽球球速下降得非常快。

目前，羽球的最快球速紀錄為中國羽球雙打選手傅海峰在 2005 年 6 月 3 日蘇迪曼盃中創下的 332 公里 / 小時。而單打比賽中最快的球速則為 305 公里 / 小時，由印尼選手陶菲克創下。

▶ 國際組織

世界羽球聯盟（簡稱世界羽聯，BWF）是一個國際性羽球運動的管理組織。該組織的前身是國際羽球總會（IBF），成立於 1934 年。2006 年 9 月 24 日，國際羽球總會正式改名為現今的世界羽球聯盟。

足球

　　現代足球運動源於英國，指由兩隊各派 11 名隊員參與，在長方形的草地球場上互相對抗、互相進攻的球類運動。是當今世界上開展最廣、影響最大的體育項目之一，被稱為世界第一運動。其豐富的內涵和感染力甚至可以被視作一門藝術。

　　2004 年初，經專家、學者的考證和國際足聯的確認，足球最早起源於中國，中國的古代蹴鞠就是現今足球運動的雛形。

　　早在 2,300 多年前，蹴鞠就已誕生並流行於中國臨淄（今山東省淄博市臨淄區）。最早確切可信的有關這項運動的文字記錄當屬《戰國策》和《史記》，當時它作為具有軍事性和娛樂性兩種面貌的活動而被記錄下來。而後經過改良，蹴鞠慢慢得到普及，到了隋、唐時代，蹴鞠和佛教一起傳到日本，今日韓語及日語中仍可見其稱足球為「蹴球」，是受到中國的影響的結果。

　　現代足球運動公認起源於 19 世紀中期的英國，最早的職業聯賽產生於此。1863 年 10 月 26 日，世界上第一個正式的足球組織英格蘭足球協會在倫敦成立。此後，足球運動在全球廣泛傳播，這一天也被當做現代足球運動的誕生日。

▶ 足球的流派

　　目前，歐洲與南美洲被公認為是足球水準最高的兩大洲，主要的足球強國都集中在這兩個洲，並各自形成了兩大足球流派。

歐洲足球流派技術簡練實用，注重配合，力量強，速度快，作風硬朗，以德國、義大利、法國、荷蘭、葡萄牙等為代表。南美洲足球流派則講究個人技術，注重短傳配合和個人突破，以巴西、阿根廷等為代表。

▶ 足球協會

足球協會也稱「足球總會」，是管理足球球員紀律、球員轉會和比賽籌辦、聯賽組織的機構。現在管理全球各地足球運動的組織是國際足球協會（FIFA），總部設於瑞士蘇黎世。每四年舉辦一屆的世界盃足球賽，是世界球壇盛事之一。

▶ 足球比賽

各種足球比賽裡，最有影響力的是世界盃足球賽。世界盃每四年舉辦一屆，1930 年由烏拉圭舉辦第一屆，二戰期間停辦了兩屆，從 1950 年開始到現在一直沒有間斷過。成績最好的，是參賽次數最多（共 18 次）的國家隊 —— 巴西國家足球隊，共五次冠軍。2006 年世界盃足球賽的冠軍義大利國家足球隊，共獲得四次冠軍；德國國家足球隊（聯邦德國）共獲得三次冠軍，阿根廷、烏拉圭各獲得兩次冠軍，英格蘭、法國各一次。

其他國際性賽事，如奧運會足球比賽則是奧林匹克運動會的比賽項目中資格最老的項目之一。洲際的比賽則以歐洲足球錦標賽的水準最高，影響最大。

很多國家在本國內還有各種足球俱樂部之間的足球聯賽。其中義大利足球甲級聯賽因其開辦時間久，有上百年歷史，球

隊引進外國球員沒有較多的限制,因而吸引了各國頂級球員加盟,有「小世界盃」之稱。

▶ 足球裝備

在足球比賽初期,沒有規限足球的大小輕重,只要是圓球形即可。直到 1870 年代開始,對足球規格做出規定,圓球的周長需在 69 ~ 74 公分之間。

世界盃專用球指定由德國的阿迪達斯公司提供,2002 年世界盃、2006 年世界盃的專用球的中文譯名分別為飛火流星和團隊之星,2010 年南非世界盃的專用球的中文譯名為普天同慶。

▶ 球星

著名的足球運動員有時代表著一個足球時代,或是一個國家足球的象徵,如荷蘭國家足球隊的約翰‧克魯伊夫(Johan Cruyff)代表著「全攻全守」足球打法的一個時代;義大利國家足球隊的迪諾‧佐夫(Dino Zoff)代表著「鎖鏈式防守」打法興起的一個時代;而巴西國家足球隊的比利(Pelé)又被認為是「第一代球王」;阿根廷國家足球隊的馬拉杜納被認為是「第二代球王」;法國的席內丁‧席丹(Zinedine Zidane)與巴西的羅納度(Ronaldo Luís Nazário de Lima)同為三次世界足球先生頭銜得主,也被一些球迷認為是「第三代球王」。

著名足球運動員,特別是中場核心、全場球隊的組織者,一般都身穿 10 號球衣,如比利、馬拉杜納、法蘭茲‧安東‧貝肯鮑爾(Franz Anton Beckenbauer)、奇哥(Zico)等。

小知識 —— 美式足球

　　美式足球，或稱美式橄欖球，是一項橄欖球的衍生運動，有時與加拿大式足球並稱為烤盤足球（Gridiron football）。

　　美式足球與橄欖球的區別在於，美式足球用球上有白色縫線，以利於球員抓握及傳球。而橄欖球則較大而且沒有任何縫線。

　　美式足球及（英式）足球均是由 19 世紀中期在英國流行的各種「足球類」運動的玩法演變而成。其中，美式足球是由英國的橄欖球直接演變過來的。現代美式足球的型式是從 1874 年哈佛大學對蒙特婁麥基爾大學（McGill University）的三場系列賽中演變出來的。

　　1880 年，坎普（Walter Camp）引進了攻防線來取代橄欖球的並列。他對改進美式足球的規則以及使美式足球脫離英國橄欖球等方面功不可沒，被視為美式足球之父。

　　國家橄欖球聯盟（NFL）是世界最大的職業美式橄欖球聯盟，也是世界最具商業價值的體育聯盟。聯盟由 32 支來自美國不同地區和城市的球隊組成。目前聯盟共有 32 支球隊，分為兩個聯會：美國美式足球聯會和國家美式足球聯盟。每個聯會由四個分區組成，每個分區有 4 支球隊。

　　聯盟最早在 1920 年以美國職業美式足球協會的名義成立，後來在 1922 年改名為國家美式足球聯盟。國家美式足球聯盟是北美四大職業運動之一。

高爾夫球

　　高爾夫球，又稱高球，俗稱小白球，是一種室外體育運動。個人或團體球員用不同的高爾夫球桿將一顆小球打進果嶺的洞內。高爾夫球起源於蘇格蘭，大部分比賽有 18 洞。

第一個被記錄的類似高爾夫球的運動於西元 1297 年 2 月 26 日，在荷蘭的費赫特河畔盧嫩鎮舉辦。參加者使用棍子，用最少擊球次數將皮質的球打進數百公尺外的球洞。現代的高爾夫球運動普遍被認為是蘇格蘭人發明的，因為在中世紀蘇格蘭議會曾經兩次明文規定禁止玩一種名為「gowf」的比賽。

真正完整的近代高爾夫運動是從蘇格蘭發展起來的，包括第一個高爾夫球場與高爾夫俱樂部。一場打 18 洞的高爾夫基本規則就是在那時創立的，且史上第一個高爾夫巡迴錦標賽也是在蘇格蘭的城市間舉辦的。不久後，現代化的高爾夫運動就由蘇格蘭傳往英格蘭，之後普及全世界。

1754 年，聖安德魯斯皇家 & 古老高爾夫俱樂部成立，是目前世界最古老的高爾夫俱樂部。

▶ 場地裝備

1. 高爾夫球場不一定都有 18 個洞。15 世紀時，蘇格蘭人在聖安德魯斯依照地形建立了一個高低起伏的球場，而球洞得設置因為受制於細長的海岸地形而增加了難度，因此該球場只有 11 個洞。1764 年，有些洞因為距離太近而遭到合併，球洞的數量從 11 個減為 9 個，這樣就成為一輪比賽 18 洞的組合。聖安德魯斯的球場被認為是第一個高爾夫球場，因此 18 洞就成為後來興建高爾夫球場的標準設計。

2. 早年高爾夫球的材質、外觀、大小一致，直到 1930 年代美國高爾夫協會（USGA）限定了高爾夫球標準的重量跟大

小。隨後 USGA 又提出了正式的規則，明定高爾夫球的初速不可高於每秒 250 英尺。早期球桿皆由木製成，因為材料容易獲取。經過數年的發展，山胡桃木成為製作球桿的標準木材，而高級球桿則使用美國柿樹製作，因為它硬度佳並且耐用。美國高爾夫協會為了維持高爾夫比賽的挑戰性，規定了球竿的恢復係數（COR）上限為 0.83，同時限制桿頭大小不可超過 460 cc。

▶ 高爾夫球比賽

目前世界上較為知名的個人比賽有：英國公開賽、英國業餘高爾夫球錦標賽、美國公開賽、美國業餘高爾夫球錦標賽、美國大師賽和美國職業高爾夫球協會錦標賽。最有名的團體比賽有世界盃賽、萊德盃歐美對抗賽和沃克盃美英愛爾蘭系列賽。其中，英國公開賽、美國公開賽、美國大師賽和美國職業高爾夫球協會錦標賽是高爾夫球界的四大大滿貫賽事。

合球

合球是一種團隊球類運動，超過 50 個國家和地區開展這項運動，在荷蘭、比利時最為常見。與多數球類團隊運動不同，合球是一項男女混合運動，比賽雙方各 4 男 4 女，提倡平等。

合球有點類似籃球，在一個分兩個半區的球場上比賽。兩邊球場各有一個 3.5 公尺高的籃框，兩個隊伍的目標是將球投入對方的籃框。

合球的發明者是一位荷蘭籍教師,他在瑞典小鎮 Naas 參與夏季課程時,從一項遊戲中萌發了合球運動的想法,並於 1902 年在阿姆斯特丹發明了合球。

合球運動首先在荷蘭發展起來,在 1920 年及 1928 年的奧運會中成為演示項目。國際合球總會於 1933 年成立,此後合球在國際上得到了大範圍的推廣。合球世界錦標賽於 1978 年開始舉辦。1985 年合球被列入世界認可的運動項目。

▶ 合球的規則

兩隊各有 8 人,4 男 4 女,其中 2 男 2 女負責防守在己方半區,另外 4 人在另外半區進攻。進兩球進攻防守交換。半場換邊。防守者不允許投籃,而是要交給己方進攻隊員。防守者不能與對方進攻隊員身體接觸(一臂距離以外),而是舉雙手起阻擋作用。男隊員對位防守男隊員,女隊員對位防守女隊員,不允許錯位防守。帶球視作犯規,也不能從對手手中斷球(即使沒有身體接觸)。

滾球

滾球是一項「雙方運動員在規定的場地上用手投擲球進行對抗」的體育運動,流行於歐洲及亞洲一帶。

滾球是世界上最古老的運動之一,它起源於西元前 3000 年的古埃及,當時古埃及人將石塊磨成一個圓形的球來進行投擲遊戲。由於這項遊戲只需要簡易的器材並且不需要太大的地

方，於是便成為一項受歡迎的遊戲，開始流行起來。

19 世紀至 20 世紀初，滾球盛行於歐洲，而後歐洲移民把滾球這項遊戲傳播至美洲和世界各地。滾球在全球廣泛流傳期間，其規則與玩法不斷地發生演變，漸漸更加流行並成為了一個運動項目。直到 1985 年，國際金屬地滾球聯會、國際塑質地滾球聯會以及國際小金屬地聯相繼於摩納哥成立，後來合併為世界滾球運動聯盟。

▶ 滾球比賽

1983 年，瑞士舉行了第一屆的世界男子滾球錦標賽，後來在 1991 年，國際滾球總會將本來一年一度的世界錦標賽改為四年一度的大賽，又把洲際盃定為兩年一度的杯賽，同時又新增了世界單打錦標賽，每兩年舉行一次。

到現在為止，國際滾球總會設有世界滾球錦標賽、世界青少年滾球錦標賽、國際滾球邀請賽、國際草地滾球大賽和國際時尚球類大賽。

1986 年 12 月，國際奧林匹克委員會正式將滾球運動列入為奧林匹克開展項目之一。另外，金屬滾球已被列為世界運動會中的正式比賽項目。

▶ 場地裝備

滾球的球主要分為兩類，一種由金屬制，另一種則由塑質所造，前者稱金屬滾球，後者名為塑質滾球。在這兩大類中，再有小金屬滾球、草滾球、桌擲球（又稱沙狐球）。縱然如此，

大致上的規則都無大分別。

　　比賽場用是長度為 26.50 公尺，寬度為 4.5 公尺，四周圍板高度 25 公分的沙地或塑膠地。球分為大球和小球，前者 920 ～ 1,000 公克，直徑 11 公分，是隊員投擲用球；而小球重量為 60 公克，直徑 4 公分，為比賽的基準球，是裁判用來判斷雙方投擲的大球距小球遠近和得分多少的標記。大球和小球均是由合成塑膠製成。

足壘球

　　足壘球是一項新興運動，流行於臺灣的學校，簡單來說是用壘球的規則踢足球，以腳代替球棒，而防守者可徒手接球。

　　足壘球至今尚無明確的規則，通常是在比賽前協調規則。雖然足壘球還不是正式的比賽項目，但是由於它器材簡便，場地限制少，比賽球員參與程度高，仍是一項廣受中小學生歡迎的運動。

▶ 足壘球規則

1. 防守位置：投手區為一個半徑 2 公尺的圓圈，投手得在投手區內任一位置投球；外野手可以縮小防守範圍，但不能進入內野防守；內野手在球未踢出前不可以跑到投手板前區域防守；各壘手及捕手於封殺跑壘員時不得阻擋跑壘員的行進路線；遊擊手在球未踢出前不能進到內野區內。

2. 打擊：打擊者必須將在有效踢球區域內將球踢出，有效踢球

區為半徑為 1.5 公尺之 1/4 圓。若踢球時超出有效打擊區，不論球數多少，一律判定出局。兩球之後若第三球踢出界外，則打擊者判定三振出局。投手投球球數不得過快或彈跳，否則一率判定壞球。在三個壞球之後，打擊者保送上一壘。投手只要將球投至有效踢球區內，若打擊者未踢球、踢出界外或者揮棒落空（沒有踢到球），此球判定好球。

3. 接殺出局：打擊者踢出高飛球，在球未落地前被防守球員直接接住，此時打擊者被判定出局。打擊者被判定接殺，壘上所有跑壘員必須回到原壘包，否則防守隊可以傳球至有跑壘者的壘包，封殺出局。

4. 封殺出局：打擊者將球踢出後未被接殺，也沒有出界則為安打。打擊者必須以最快的速度跑向一壘，若防守隊較早將球傳到一壘手並踩在壘包上，則判定跑者封殺出局。

5. 停止跑壘：當打擊者將球踢成外野安打時，在防守隊尚未拿到球傳回投手區時，跑壘者可以繼續往下一壘前進。若球傳回投手區時，跑壘者必須迅速站上壘包（往前一壘或原壘包），否則防守隊仍可以將跑壘者封殺出局。投手得在投手區內任一位置接球（有一腳踩在圈內即可）。若球滾出死球線外則一切動作暫停。跑壘者必須迅速站上壘包（往前一壘或原壘包）。如果跑壘者踢出極遠的球，不管球傳回來了沒，最多也只能跑兩個壘包。如果跑第三個壘包，球傳回第二壘包，跑者算是封殺出局。

6. 得分：跑壘者由一壘、二壘、三壘依序推進回到本壘，若未被封殺而且未漏踩任一壘包則得一分。

7. 盜壘及滑壘：棒球場上的盜壘及滑壘，在足壘球比賽中是不被允許的，滑壘者判定出局，盜壘者則判定回原壘包。注意：跑壘者不能在球未踢出前先行離開壘包。

槌球

　　槌球（Croquet）運動是一項兩隊各 10 名隊員參加比賽、每名隊員各自有球、獨立擊球又相互合作的體育運動。又稱門球。

　　槌球是高爾夫球與撞球的混血兒，不僅規則簡單，輕鬆有趣，而且可以激發腦力，促進身心，是目前時下最經濟實惠、老少咸宜的新運動。

　　槌球運動始於法國，傳到英國以後大為風行。1947 年 12 月，槌球傳入日本北海道，經過鈴木和伸的改良和精簡，成為目前風靡日本的槌球運動。

▶ 場地裝備

1. 槌球場地為矩形，由限制線圈定，無任何障礙物。

2. 比賽線長 15 ～ 20 公尺，寬 20 ～ 25 公尺。

3. 限制線在比賽線外 1 公尺處。

4. 原則上，比賽線寬 5 公分，限制線及其他線要易於識別，場地的尺寸以線的外沿為準。

5. 線的顏色與場地地面要易於識別。

6. 比賽線構成 4 個外角，自發球區開始，依逆時針順序，依次為第一角、第二角、第三角、第四角。

7. 第一角和第二角之間的線為第一線；第二角和第三角之間的線為第二線；第三角和第四角之間的線為第三線；第四角和第一角之間的線為第四線。

8. 發球區是一個矩形，其邊線由第四線及其外線，以及從第一角向第四角方向的 1 公尺和 3 公尺距離的垂直線組成。

草地滾球

　　草地滾球（Bowls 或 Lawn Bowls）是一項集運動競技和休閒娛樂於一體的時尚運動，起源於英國宮廷，具有數百年的歷史。比賽可分男、女或男女混合三種競賽形式，比賽時雙方運動員輪流向預先規定的目標球發出滾球，以最靠近目標球者為贏。

　　草地滾球是一項不太為人所知的運動，一項充分享受陽光、空氣、鮮花、綠草的健身休閒運動，曾經是英國皇室的專利，即便在它平民化之後，它的優雅氣質依然不減。

　　草地滾球的雛形產生於 7,000 年前的古埃及，但現代草地滾球是從遍地綠草和牛羊的蘇格蘭發展起來的。在 19 世紀以前，草地滾球只限在英國皇室貴族範圍內供少數人享用，直到 1884

年英國下議院才取消了這項禁令。從此,草地滾球逐漸傳向世界各地。由於是英國發明的,所以在大英國協成員國內特別普及,目前單是澳洲和紐西蘭等地就有約 50 萬名球員,而且現在世界草地滾球總會會址就設在英格蘭。

▶ 場地裝備

草地滾球的場地,國際標準為正方形(邊長 37.5 公尺),共 1,406.25 平方公尺,可以分為室外草地場、室內人造草場。場地要求平整,場內最多可分七條賽道同時進行比賽。

目標球為白色,直徑 6.3 公分,重 227 公克,傳統的滾球為黑色、棕色、近年興起綠色、黃色、橙色,直徑為 11.6 ～ 13.1 公分,重 1.59 公斤。

草地滾球比賽:草地滾球每年都有世界性和地區性的賽事,如太平洋地區錦標賽、國際精英挑戰賽等國際賽事,其中澳洲、加拿大、蘇格蘭、汶萊、新加坡、馬來西亞、泰國、南非、英格蘭、威爾斯、日本、菲律賓等都已成立了正式的國家隊,每年均派選手參加各項賽事。

小知識 —— 草地滾球在中國的發展

草地滾球在 20 世紀初傳入香港。目前廣州、深圳等地都已相繼建成了草地滾球場,吸引了眾多的體育愛好者。

草地滾球可以讓參與者親近大自然,充分享受陽光、空氣、鮮花、綠草。它兼具保齡球、槌球的技術特點,又有高爾夫球的高雅和美妙環境,加上其特有的趣味性、適中的運動量,因而適合各年齡層

的人參與，且單人、雙人、多人均可，是一項新興的健康娛樂項目。

藤球

　　藤球（Sepak Takraw）是一種介於排球、籃球、足球之間的運動，於 1990 年北京亞運會正式確立成為比賽項目。由於藤球比賽所使用的球是由藤編成的黃色空心圓球，故此項運動以此為名。它的比賽方式與排球有些類似，所以又被稱為「腳踢的排球」。

　　藤球是用 9 〜 11 根細藤單層藤條編制而成的黃色空心圓球。球的周長是 53 公分，直徑約 12 公分，球面上有 12 個五角形孔。重量為 160 〜 180 公克。

　　藤球運動源於 15 世紀的蘇丹國統治下的麻六甲一帶，由馬來西亞的「sepak raga」運動發展而來。當時，人們在勞動之餘會圍成一圈，不用手和胳臂，而用頭頂球、用腳傳踢一個藤球，使之不落地，使其在空中停留盡量多的時間。

　　1945 年，在馬來西亞的檳榔嶼舉行了一場藤球表演賽，引起了巨大迴響。此後，藤球運動如燎原之火傳遍了馬來半島和東南亞各地。1960 年，一套完善的比賽規章制度建立。這項運動被定名為藤球，並進入東南亞運動會。

　　現代藤球的產生僅有 40 多年的歷史，它是以藤球運動中網的使用為標誌的。泰國前教育部長科‧喬哈利對推廣藤球運動做出了一定貢獻，被認為是「現代藤球運動之父」。

1982 年藤球作為表演項目進入亞運會，並被列入 1990 年亞運會正式比賽項目。

▶ 場地設施

1. 場地：場地面積為 13.4 公尺 ×6.1 公尺，在 8 公尺空間內不得有障礙。場地所有邊線的寬度不得寬於 0.04 公尺。場地之間、場地與障礙物之的緩衝距離為 0.9 ～ 1.8 公尺。寬度 0.04 公尺的中心線將場地分成相等的左右兩個部分。在場地中心線的角上，邊線與中心線交接處各有兩個半徑為 0.9 公尺的 1/4 圓，寬度為 0.04 公尺的邊線將從一圓的外測量起。在左右場各有一個半徑為 0.3 公尺的發球圈，其圓心距離底線 2.45 公尺，距邊 3.05 公尺，寬度為 0.04 公尺的線，應從發球圈的外測量起。

2. 網柱：網柱應高於地面 1.55 公尺，應加以固定以便將網拉緊。網柱需由堅硬的材料製成，其半徑不得大於 0.04 公尺。網柱應固定在邊線外 0.3 公尺處，與中心線在同一直線上。

3. 網：網由普通細繩或尼龍繩製成，網孔為 0.04 ～ 0.05 公尺之間。網的寬度為 0.7 公尺，長度不得超過 6.11 公尺。網的上、下端需用帶子包邊，寬度均為 0.05 公尺，以便穿繩將網拉緊平於網柱頂端。網的中部上端高 1.52 公尺，靠近網柱的兩側高為 1.55 公尺。如果網超過尺寸，則在網的兩端使用可鬆動的、寬度為 0.05 公尺的帶子，並與兩側進線和中心線垂直。

田徑運動

　　田徑或稱田徑運動，是徑賽、田賽和全能比賽的統稱。以高度和距離長度計算成績的跳躍、投擲項目叫「田賽」；以時間計算成績的競走和跑的項目叫「徑賽」。田徑比賽由田賽、徑賽、公路路跑、競走和越野賽跑組成，此外還包括部分田賽和徑賽項目組成的「十項全能」。

　　田賽可分為跳躍、投擲兩類項目。跳躍包括跳高、撐竿跳、跳遠、三級跳遠；投擲包括推鉛球、擲鐵餅、擲標槍、擲鏈球。徑賽可分為短跑、中跑、長跑、接力跑、跨欄跑和障礙跑；公路跑必須在公路上進行，有各種距離的公路跑和公路接力跑，包括半程馬拉松、馬拉松等；競走均可在體育場內或場外進行；越野跑必須在原野、草地等自然環境中進行。

跳高

　　跳高是一種田賽競技活動，又稱急行跳高。起源於古代人類在生活和勞動中越過垂直障礙的活動。由有節奏的助跑、單腳起跳、騰空過桿與落地等動作組成，以其最後一次成功地越過的橫桿上緣的高度計算成績並以此判定名次。

　　現代跳高始於歐洲。18 世紀末，蘇格蘭已有跳高比賽，1860 年代開始流行於歐美國家。1827 年 9 月 26 日，在英國聖羅蘭‧博多爾俱樂部舉行的首屆職業田徑比賽中，威爾森（Adam Wilson）屈膝團身跳越 1.575 公尺，這是第一個有記載的世界跳高成績。

　　跳高有跨越式、剪式、滾式、俯臥式、背越式等過桿方式，現今絕大多數運動員都採用背越式。跳橫桿可用玻璃纖維、金屬或其他適宜材料製成，長 3.98 ～ 4.02 公尺，最大重量 2 公斤。比賽時，運動員必須用單腳起跳，可以在規定的任一起跳高度上試跳，但相同高度只有三次試跳機會。男、女跳高分別於 1896 年、1928 年被列為奧運會比賽項目。

▶ 跳高的世界紀錄

　　根據世界田徑總會的紀錄，目前男子跳高的世界紀錄保持者為古巴籍的哈維爾‧索托馬約爾‧薩納布里亞（Javier Sotomayor Sanabria）於 1993 年 7 月 27 日在西班牙薩拉曼卡所創下的 2.45 公尺；室內紀錄也是由哈維爾‧索托馬約爾‧薩納布里亞於 1989 年 3 月 4 日在匈牙利布達佩斯創下的，高度

為 2.43 公尺。

　　根據國際田徑總會的紀錄，目前女子跳高的世界紀錄保持者為保加利亞籍的斯蒂夫卡‧科斯塔蒂諾娃（Stefka Kostadinova）於 1987 年 8 月 30 日在義大利羅馬所創下的 2.09 公尺；室內紀錄是瑞典籍凱莎‧柏格奎斯特（Kajsa Bergqvist）於 2006 年 2 月 4 日在德國安斯特創下的 2.08 公尺。

跳遠

　　跳遠，曾稱為急行跳遠，是一種田徑運動之中的田賽項目，亦是男子十項全能及女子七項全能比賽其中的一個項目。

　　跳遠的動作主要由四部分組成，包括助跑、起跳、空中動作、著地，在合乎規則的情況下，所跳的距離越遠越好，而四個動作均會影響跳遠的距離。除了容許助跑的急行跳遠外，還有立定跳遠和三級跳遠兩種跳遠的比賽模式。

▶ 跳遠的歷史

　　跳遠這項運動已有超過 2,000 年的歷史，早在西元前 708 年於古希臘舉行的第 18 屆古希臘奧運會上，就已經設有跳遠這個比賽項目了。當時的選手會在每隻手上攜帶類似啞鈴的重物，這些重物會在選手起跳時擺動，增加身體的衝力，選手在騰空下墜時向後拋出重物，因而跳得更遠。至於當時的比賽場地，則是在競技場上挖鬆土地成沙坑，並在沙坑前設置一木板作為「起跳板」。

在古希臘奧運會中，有記錄的最遠跳遠距離是西元前一名叫 Chionis 的選手所跳出的 7.5 公尺的成績。

近代跳遠運動列入比賽則始於英國，1800 年，蘇格蘭運動會加入跳遠比賽；1814 年，德國體操日增設跳遠項目；1851 年，英國牛津大學的田徑比賽項目加入跳遠。

至於近代最早的跳遠紀錄，據考證是 1860 年英國牛津大學運動會跳遠冠軍帕烏爾，紀錄為 5.28 公尺。

首場女子跳遠比賽在美國舉行，時為 1895 年。翌年舉行的第一屆奧林匹克運動會已經確定跳遠為正式比賽項目，但女子跳遠要到 1948 年的倫敦奧林匹克運動會才被納入為比賽項目。

▶ 跳遠的世界紀錄

根據世界田徑總會的紀錄，現時男子跳遠的世界紀錄保持者為美國籍的邁克・鮑威爾（Michael Anthony Powell）於 1991 年 8 月 30 日在東京所創下的 8.95 公尺（當時為順風 0.3 公尺）。

根據國際田徑總會的紀錄，現時女子跳遠的世界記錄保持者為俄羅斯籍的 Galina Chistyakova 於 1988 年 6 月 11 日在列寧格勒所創下的 7.52 公尺（當時為順風 1.4 公尺）。

撐竿跳高

撐竿跳高是田徑運動技術最複雜項目之一。運動員持竿助跑起跳後，借助撐竿的支撐，在撐竿上連續完成 10 多個複雜的動作，然後越過橫桿。練習撐竿跳高是增強體質的有效方法之

一，它對提高速度、彈跳力、靈巧和協調性，都有積極的意義。撐竿跳高運動深受體育愛好者的喜愛，每次比賽都吸引著成千上萬的觀眾。

撐竿跳高的歷史悠久，早在古代希臘，人類就借助長矛、木棍等長形物跳過河流等障礙物。而據紀錄，在 554 年的愛爾蘭也出現撐越過河的遊戲。18 世紀，撐竿跳高由於能鍛鍊身體，在德國曾流行一時，後來漸漸得到廣泛傳播，普及到全世界。

▶ 撐竿跳高的器械

1. 撐竿：在剛成為田徑項目時，撐竿跳高所使用的撐竿是木材製造的。到了 20 世紀，人們發現竹竿不僅比較輕，而且彈性也比較好，自此人們就以竹竿參賽，成績不斷提升。其後，合金撐竿的出現取代了之前的竹竿。

2. 跳高架：撐竿跳高的立柱與跳高的立柱不同，前者運動的距離稱之為架距，架子可以向落地區的最大運動距離為 80 公分，而後者的最大運動距離不多於 40 公分，運動員可以自行選擇距離。

3. 橫竿：橫竿大多是由木料或是金屬製造，有三角形以及圓形兩種，撐竿跳高所用的橫竿多是三角形，每邊的寬度為 2.8～3 公分，圓形橫竿直徑為 2.5～3 公分。

▶ 撐竿跳高的世界紀錄

根據世界田徑總會的記錄，現在男子撐竿跳高的世界紀錄是 6.14 公尺，由蘇聯運動員謝爾蓋・布卡（Sergey Bubka）保

持；根據國際田徑總會的紀錄，女子撐竿跳高的世界紀錄是俄羅斯伊辛巴耶娃（Yelena Isinbayeva）創造的 4.97 公尺。

三級跳遠

三級跳遠屬於田徑項目。

早在西元前 200 年左右的一場運動會上，就出現了以單腳跳而又起跳三次的跳遠比賽。在瑞士首都蘇黎世，三級跳遠曾在 1465 年以及 1472 年舉行過，並向優勝者頒發獎品。在當時，並沒有一定的比賽規則。直到了 18 世紀，三級跳遠在愛爾蘭得到了發展，19 世紀末時，正式的三級跳遠出現。這套規則與當代三級跳遠的規則幾乎一樣，男子三級跳遠於 1896 年被列入奧運的田徑項目，而女子三級跳遠項目發展較為遲緩，女子三級跳遠項目在 1996 年才正式列為奧運項目。

▶ 三級跳遠的技巧

三級跳遠主要的技巧有兩種，分別為單足跳及跨步跳。

單足跳是 18 世紀時由愛爾蘭人創立的，是三級跳遠的起源。後來德國出現了交換腿的跳躍方法。

跨步跳最初被視為單足跳與跳躍之間的動作，在 1924 年，一位澳洲人將其發展為沒有停頓的連續動作。

▶ 三級跳遠的世界紀錄

根據世界田徑總會的記錄，男子三級跳遠的世界紀錄是英國人愛德華茲（Jonathan Edwards）於 1995 年 8 月 7 日創下

的 18.29 公尺；女子三級跳遠的世界紀錄是 1995 年 8 月 10 日烏克蘭運動員伊納薩‧克拉維茲跳出的 15.50 公尺。

鉛球

鉛球是田徑運動場上的一項運動，屬於投擲項目，它對增強體質有很大幫助，還有增強上下肢力量的功能。

推鉛球運動產生於西元 1340 年代中的歐洲，當時已出現了大炮。大炮所使用的炮彈呈圓形，用金屬製造。當時的士兵在無需作戰時流行以炮彈作為擲遠比賽用的工具，這就是推鉛球的始祖。

在 19 世紀時，英國最先把鉛球列為田徑項目。後來，鉛球項目曾仿照柔道項目把運動員按體重分級，但最後證明鉛球項目更重要的是技巧。

當時標準的男子鉛球重量為 16 磅，據說在 14 世紀時，炮彈的重量也是 16 磅。

▶ 鉛球介紹

鉛球很重很圓，是一個表面光滑的金屬球。在男子比賽中，鉛球直徑在 11 ～ 13 公分之間，球重 7.26 公斤；女子鉛球直徑 9.5 ～ 11 公分，重量是為 4 公斤。

鉛球比賽中，運動員在投擲圈中站立開始投擲。投擲圈周邊是鐵網，有 0.6 公分厚，頂端塗白。在投擲時，運動員不能接觸鐵邊的頂端或者投擲圈以外的地面。鉛球的投擲圈直徑為

2.135 公尺，圈內地面由水泥或由硬度相似又能防滑的物質構成，它的高度略低於地面高度。鉛球投擲圈的正前方放著一個木質的 1.21 ～ 1.23 公尺長的擋板，以防止運動員滑出圈外。運動員可以碰擋板的內側，但不能碰擋板的頂部。

在比賽中，落地區都是由煤渣、草坪或者其他能留下印記的物質構成的平坦區域。每一個磁區由 5 公分寬的白線分開。在鉛球比賽中，落地區的扇面角度在 2003 年由以前的 40 度改為了 34.92 度。

▶ 現代鉛球

現代鉛球在成為田徑項目後，最早採用原地推鉛球的技術。後來經過演變，逐漸出現了各種其他方法，如側向前、側向滑步推。

直至 1950 年代左右，美國推鉛球運動員創立了背向滑步推的新技術。目前，許多國家頂尖男子鉛球選手已改用旋轉式技術，女子鉛球仍以滑步式居多。

運動員在推鉛球之時需要在直徑 2.135 公尺的圓形區內，以單手把球從肩上推出，鉛球必定要落在落地區中角度線以內方為有效。

標槍

標槍（javelin throw）在古代主要是一種依靠臂力投擲的刺殺兵器。在現代，標槍已經演變成為一個體育運動項目。

標槍是人類歷史上有據可靠的最早的遠程兵器之一，直到 13 世紀，仍是世界許多國家軍隊的制式裝備。

在古代奧林匹克運動中，人們就已經開始將標槍助跑投遠和原地投準作為競技項目。在完全退出軍事舞臺之後，標槍成為了一個純粹的田徑運動項目。1792 年，瑞典舉行了世界上第一場現代標槍比賽。男子標槍和女子標槍分別於 1908 年和 1932 年被列為現代奧運會比賽項目。

▶ 場地裝備

體育運動中的標槍一般用金屬材料或碳纖維製成，兩端尖利，男子標槍重 800 克，長 260 ～ 270 公分；女子標槍重 600 克，長 220 ～ 230 公分。

標槍的世界紀錄：前民主德國的烏威・霍恩（Uwe Hohn）是男子標槍「永久性世界紀錄」的創造者。1984 年 7 月 20 日，霍恩在東柏林舉行的第 22 屆奧林匹克日田徑賽上，以 104.80 公尺的驚人成績，把原 99.72 公尺的世界紀錄一下提高了 5.18 公尺，成為第一個突破男子標槍「百公尺大關」的運動員，堪稱世界體壇一大奇蹟。

2008 年國際田聯總決賽，捷克名將斯波塔科娃（Barbora Spotakova）以 72.28 公尺的成績獲得女子標槍冠軍，創造了新的世界紀錄。

鐵餅

　　鐵餅是一項古老的體育運動，早在古希臘的奧林匹克運動會上就已被列為比賽項目。

　　鐵餅起源於西元前 12 至前 8 世紀希臘人投擲石片的活動。西元前 708 年，在第 18 屆奧運會上被列為五項全能項目之一。

　　鐵餅最初為盤形石塊，後逐漸採用銅、鐵等金屬製作。現代奧運會史上，曾有過雙手擲鐵餅的比賽項目（左手＋右手）。當時的餅是用石頭和青銅製作的，在石頭臺座上正面站立進行投擲。隨著實踐經驗的積累和器械、場地、規則等方面的改變以及科學的不斷發展，投擲技術有了很大的改進，由過去的正面站立、側向站立和換步旋轉投擲等方式，發展成為背向旋轉投擲的技術，現在又出現了寬站立、低姿勢、背向大幅度旋轉投擲等技術。

▶ 場地裝備

　　鐵餅比賽的投擲區的為直徑 2.50 公尺的圓形區域，四周設有「U」型的護籠。鐵餅為圓盤形，中間厚，四周薄，多以金屬和木料製成。男子鐵餅重約 2.005 ～ 2.025 公斤，直徑 21.8 ～ 22.1 公分；女子鐵餅重約 1.005 ～ 1.025 公斤，直徑為 18 ～ 18.2 公分。

▶ 國際機構

　　世界鐵餅運動由國際業餘田徑總會（IAAF）負責管理。國

際田聯 1912 年成立於瑞典斯德哥爾摩，現有會員國 210 個，總部設在英國倫敦。

▶ 鐵餅的世界紀錄

男子鐵餅現在的世界紀錄是前東德選手于爾根·舒爾特（Jürgen Schult）於 1986 年 6 月 6 日在新布蘭登堡創造的 74.08 公尺；女子鐵餅現世界紀錄為前東德選手加布里爾·賴因施（Gabriele Reinsch）於 1988 年 7 月 9 日在新布蘭登堡創造的 76.80 公尺。

鏈球

鏈球是田徑運動中唯一一項使用雙手投擲的競遠項目。運動員兩手握著鏈球的把手，人和球同時旋轉，最後加力使球脫手而出。

鏈球起源於 16 世紀，是蘇格蘭和愛爾蘭的礦工、鐵匠們投擲鐵錘的遊戲。19 世紀後期，英國牛津大學和劍橋大學的學生開展了投擲鏈球的校際比賽，現代鏈球運動隨之產生；此後鏈球的規則和規格不斷變化。1900 年第二屆奧林匹克運動會上，男子鏈球被列為正式比賽項目；2000 年雪梨奧運會，女子鏈球也被正式列入。

▶ 場地裝備

鏈球比賽的投擲區為直徑 2.135 公尺的圓圈型區域，周圍

設有「U」字形護籠。男子鏈球從把手內側至球體遠端的全長為
117.5 ～ 121.5 公分，球體直徑為 102 ～ 120 毫米，重量為 7.26
公斤；女子鏈球長約 116 ～ 119.5 公分，至少 4 公斤重。

▶ 比賽規則

比賽時運動員站於投擲區內，高速旋轉四圈後將球擲出；
被擲出的鏈球球體必須落在 40° 角的扇形區內。運動員進入投
擲區開始投擲後，身體的任何一部分不得觸及區外的地面、護
籠和抵趾板的上方。投擲動作完成後，必須從投擲區半圓延長
線的後面走出。每次試投的時間限制為一分鐘。

▶ 國際賽事

奧運會鏈球項目、世界盃田徑賽鏈球項目、世界田徑錦標賽
鏈球項目、國際投擲賽鏈球項目。

鏈球的世界紀錄：男子鏈球世界紀錄是蘇聯運動員尤里．謝
迪赫（Yuriy Georgiyevich Sedykh），於 1986 年 8 月 30 日創
下的 86.74 公尺的紀錄；而俄羅斯著名女子鏈球選手利亞先科，
則在索契進行的俄羅斯全國錦標賽上，以 78.67 公尺的成績將
自己保持的世界紀錄提高了 87 公分。

短跑

短跑通常指 800 公尺以下長度的比賽。短跑選手需要爆發
力（如何在短時間加速）、頻率高和步幅大。起步的姿勢也很重
要，因為短跑分秒必爭。

據記載，西元前 776 年，在希臘奧林匹克村舉行的第一屆古代奧林匹克運動會上，就有了短跑比賽項目。當時跑的姿勢是軀幹前傾較大、大腿抬得很高、腳落地離重心較近、步幅較小的「踏步式」跑法。起跑採用「站立式」姿勢，把大石塊置於腳後，借推蹬巨石之力來加快起跑的速度。

1887 年，開始採用「蹲踞式」起跑；1927 年有了起跑器，但到 1936 年第 11 屆奧運會上才被正式採用。在這個過程中，短跑技術有了很大的演變，由腳跟先著地改進為前腳掌著地，並形成了一種「擺動式」的跑法。由於短跑技術的改進，短跑成績迅速提升。

▶ 項目分類

1. 60 公尺以下：通常於室內進行。這個長度對跑者的爆發力要求很高，跑的時候可以無需呼吸，高速跑動。大部分跑者認為這個賽程太短，意義不大。

2. 100 公尺：最典型的短跑長度。通常在室外的 400 公尺標準賽道的直線上進行，運動員不用轉彎。此項賽事的紀錄保持者通常會被視為全世界跑得最快的人。現在的紀錄保持者為尤塞恩·博爾特（Usain St Leo Bolt）（9 秒 69）。

3. 200 公尺：於曲線上開始，在直線上終結，是一項需要轉彎速度高、同時又要直路跑技術的賽事，也是古代奧林匹克運動會中第一項有紀錄的賽事。現在的紀錄保持者為牙買加的尤塞恩·博爾特於 2008 年北京奧運時所創下的 19 秒 30。

4. 300 公尺：非正式長度，常見的訓練長度。

5. 400 公尺：剛好是一個標準田徑長最內圈的長度。在這個項目中，成功的跑者不但要步幅大，頻率高，而且要有一定的慢肌以保持速度。在學界運動會來說，400 公尺已是中距離的比賽長度。

跨欄

跨欄，屬於田徑運動，例如跨欄賽跑。標準衝刺跨欄賽跑的距離是 110 公尺，女子組是 100 公尺；標準長跨欄賽跑距離是 400 公尺，衝刺跨欄賽跑通常是 60 公尺。在國際比賽上，劉翔是最著名的選手之一。

跨欄運動在最早出現於 19 世紀的英國，當時叫障礙跑，採用一般柵欄作障礙物。

20 世紀初，出現了可移動的「┴」形欄架，促進了跨欄技術的發展。1935 年比賽中採用了「L」形的欄架，欄架底部加重，欄板只要受到 3.6 ～ 4 公斤的衝撞力量，就會向前翻倒，這種欄架結構一直被沿用到現在。

1837 年，英國首次舉行了大學生跨欄比賽。1896 年，第一屆奧運會將跨欄確定為正式比賽項目之一。

男子 400 公尺跨欄是在第二屆奧運會列為比賽項目的，當時的欄高是 76.2 公分，這屆運動會的冠軍是美國運動員，成績是 57 秒 6。1904 年，第三屆奧運會將欄高改為 91.1 公分，冠

軍的成績是 58 秒。到了 1956 年,美國運動員以 49 秒 2 的成績突破了 50 秒大關。女子 400 公尺跨欄跑 1973 年成為國際比賽項目。

▶ 跨欄世界紀錄

男子 110 公尺欄,古巴小將羅伯斯(Dayron Robles)跑出了 12 秒 87 的成績,打破了 2006 年 7 月 11 日劉翔在瑞士洛桑創造的 12 秒 88 的世界紀錄;400 公尺欄的世界紀錄是由美國選手凱文・楊(Kevin Young)在 1992 年巴賽隆納奧運會上創造的 46.78 秒。

女子 100 公尺跨欄跑的世界紀錄,是保加利亞選手唐柯娃(Yordanka Donkova)創造的 12.21 秒;女子 400 公尺跨欄跑的世界紀錄為俄羅斯選手佩奇昂基娜的 52.34 秒。

中長跑

中長跑(middle and long distance race),是中距離跑和長距離跑的統稱,屬 800 公尺以上距離的田徑運動項目。中距離跑項目有男、女 800 公尺和 1,500 公尺;長距離跑項目有男子 5,000 公尺和 10,000 公尺,女子 3,000 公尺、5,000 公尺和 10,000 公尺。

中長跑是歷史悠久且推廣普及的運動項目。在 2,000 多年前的古代奧林匹克運動會上,就已經有了中長跑比賽。19 世紀,中長跑在英國逐漸盛行,後來世界各國也都相繼推廣起來。

小知識 —— 傳奇運動員

　　格布雷西拉西耶（Haile Gebrselassie），被認為是田徑史上迄今為止最偉大的運動員之一。

　　格布雷西拉西耶 1973 年 4 月 18 日出生在衣索比亞的阿爾西 ── 世界著名中長跑選手的搖籃。1992 年，他就包攬了世青賽 5,000 公尺和 10,000 公尺金牌。自 1993 年以來，他連續四次奪得世錦賽 10,000 公尺冠軍，並且保持不敗。在 1994 ～ 2000 年期間，他 15 次創造 10,000 公尺室內外世界紀錄，是自亨利．羅諾（Henry Rono）1978 年以來首位同時擁有 5,000 公尺和 10,000 公尺世界紀錄的選手，還是第一位 5,000 公尺跑進 13 分、10,000 公尺跑進 27 分的選手。2000 年，雪梨奧運會後轉入馬拉松比賽。2007 年 9 月 30 日，他又創造了 2 小時 4 分 26 秒的男子馬拉松世界紀錄。1998 年榮膺第 18 屆傑西．歐文斯獎，當選國際田聯年度最佳男運動員。2001 年被國際奧會授予奧林匹克勳章。

馬拉松

　　馬拉松是一項考驗耐力的長跑運動，現在規定的長度是 42.195 公里或 26 英里 385 碼。全世界每年舉行的馬拉松比賽超過 800 場，大型的賽事通常有數以萬計的參與者，多數人以健身休閒為目的。

　　馬拉松是一種在公路上進行超長距離的賽跑。它源於古代希臘，根據記載是為了紀念希波戰爭中為傳捷報從戰場馬拉松平原跑回雅典後力盡而死的勇士菲迪皮德斯（Pheidippides）而舉行的。

1896 年，第一屆奧運會上舉行了首次現代馬拉松跑比賽，從此馬拉松跑成為現代奧林匹克運動會的主要競賽項目之一。1924 年第八屆奧運會上，國際田聯規定馬拉松跑的標準距離為 42.195 公里，此後一直沿用至今。1981 年，國際田聯將女子馬拉松跑列為正式比賽項目；1984 年奧運會上女子馬拉松被列為正式比賽項目。

▶ 運動場所

馬拉松比賽的起點和終點均設在田徑場內，絕大部分跑程則在公路上進行，一般採用一個轉捩點的路線或環行路線，沿途設有里程碑、飲料站和路標。比賽路線應選擇平坦的大道，避免橫穿鐵路、鬧市。每隔 5 公里設一個飲料站並報告時間，兩個飲料站之間設供水點。

▶ 超級馬拉松

超級馬拉松是距離超過 42 公里的長跑比賽，或是耐力賽，是近年才興起的新型耐力比賽。

2006 年 8 月 19 日，來自美國的世界超級馬拉松之王 —— 迪恩・卡納澤斯（Dean Karnazes）為了挑戰體能極限，在連續 50 天內，每天跑一次約 40 公里長的馬拉松，完成合共路程超過 2,000 公里。

2006 年 9 月 6 日，法國馬拉松選手吉拉爾（Serge Girard）用連續 276 天由巴黎跑至東京，完成 1.9 萬公里路程，打破「不停站馬拉松」紀錄，成為史上首名跑越五個洲的人。

　　2007 年 2 月 22 日，臺灣超馬選手林義傑在內的三名男子完成了 7.5 萬公里，橫越撒哈拉沙漠的壯舉，成為全球知名的極地馬拉松之王。

▶ 各大賽事

　　全世界每年有超過 800 個馬拉松比賽，五個最大的賽事分別是波士頓馬拉松、紐約馬拉松、芝加哥馬拉松、倫敦馬拉松和柏林馬拉松。這五個賽事組成了一年兩次的世界馬拉松系列賽。每年系列賽總排名第一的男女運動員將各獲得 50 萬美元的獎金。

　　其他著名的大型馬拉松賽事包括美國海軍陸戰隊馬拉松、火奴魯魯馬拉松、洛杉磯馬拉松、羅馬馬拉松和巴黎馬拉松。

接力賽跑

　　接力賽跑是田徑運動中唯一的集體項目。以隊為單位，每隊四人，每人跑相同距離。其起源有多種說法，有的認為起源於古代奧運會祭祀儀式中的火炬傳遞，有的認為與非洲盛行的「搬運木料」或「搬運水罈」遊戲有關，也有的認為是從傳遞信件文書的郵驛演變而來。

　　奧運會比賽項目分男、女 4×100 公尺接力跑和 4×400 公尺接力跑。1908 年，第四屆奧運會首次設立接力項目，但四名運動員所跑距離不等。1912 年，第五屆奧運會改設 4×100 公尺接力跑與 4×400 公尺接力跑。女子 4×100 公尺接力跑和

4×400 公尺接力跑分別於 1928 年、1972 年被列入奧運會比賽項目。接力賽跑運動員必須持棒跑完各自規定的距離，並且必須在 20 公尺的接力區內完成傳接棒。

接力賽跑引入體育比賽不只是田徑項目，在不少其他體育活動中也有類似的比賽。就田徑而言，其起源是眾說紛紜，主要有兩種說法：

一種說法是由非洲黑人接力運送木材演變而來的。非洲人在茂密的森林中砍伐木料後，道路崎嶇，運送困難，於是採用了接力的方法。搬運過程中，彼此進行速度比賽，看誰搬得快，運得多。

另一種說法是在 17 世紀時，葡萄牙一艘軍艦外出，水兵上岸遊玩，發現當地居民聚在一起進行一種有趣的遊戲。參加者分成若干組，每組四人，每組有一人拿著空罈，比賽開始後，持空罈的人迅速跑向 50 公尺外的水罈，將水倒入空罈，然後拿著空罈跑回交給本組第二人。如此循環往復，直到全組跑完，最先跑完者獲勝。葡萄牙水兵將這種遊戲帶入歐洲，並加以改變，以木棒代替空罈，很快就成為學校中的一項活動，以後又演變成田徑運動中的接力賽。

競走

競走是在日常行走的基礎上發展出來的運動，規定比賽過程中支撐腿必須伸直，從單腳支撐過渡到雙腳支撐，在擺動腿

的腳跟接觸地面前，後蹬腿的腳尖不得離開地面，以確保沒有出現「騰空」的現象，而這也是競走與跑步的主要分別。

競走起源於 19 世紀的英國。1866 年，在英國舉行了世界上最早的競走比賽。19 世紀末，競走運動開始傳入歐美、亞洲各國。早期的競走比賽允許採取普通走步或任意走的形式，沒有嚴格的技術要求。而現代的競技競走比賽，則有著嚴格的技術動作要求。1908 年，第四屆奧運會上，男子競走被列為正式項目。從 1956 年第十六屆奧運會開始，男子競走比賽固定為 20 公里和 40 公里兩個項目。1992 年第 25 屆奧運會，女子 10 公里競走被列為正式項目，2000 年第 27 屆奧運會改為 20 公里。

▶ 競走的技術要求

競走的速度取決於步頻和步長。普通走每分鐘約為 100～120 步，而競走可達 180～200 步，優秀的競走運動員每分鐘超過 200 步；普通走的步長一般是 70～80 公分，競走的步長可達 90～110 公分，身材高大的運動員的一步是 120 公分左右。

普通走，每步一般需要 0.50～0.55 秒，而競走每步只需要 0.27～0.32 秒，甚至還要少一些。因此，這就加大了肌肉緊張和放鬆交替工作的困難程度，需要在訓練中充分地處理。

▶ 競走的規則

競走比賽有兩個核心規則，首先，競走運動員必須始終保持至少有一隻腳與地面接觸；其次，前腿從著地的一瞬間起直到垂直位置必須始終伸直，膝關節不能彎曲。

武術運動

　　武術是用肢體或冷兵器互相格鬥的技術，前者內容為鍛鍊身體各部位以攻擊對手，分為踢、打、拿、摔四大類；後者之內容，由於族繁不及備載。

　　火器廣泛運用前，兵器以刀、槍、棍、劍、鞭、鏢、錘、矛、鈀等冷兵器為主，另有不常見的奇兵（特殊的奇異兵器）；現代武器（火炮、電子形式）廣泛運用後，冷兵器逐漸被淘汰，間接導致以冷兵器與肉體為武器的攻擊方式在戰場上逐漸式微，而改為用於警察、保全業與軍中特種部隊。

武術

中國武術是中國傳統文化的重要部分。兩廣人稱之為功夫，臺灣又稱為國術。

中國武術的起源可以追溯到原始社會。當時人類用棍棒等工具與野獸搏鬥，逐漸積累了一些攻防經驗；而商代產生田獵更被視為武術訓練的重要手段；商周時期，利用「武舞」來訓練士兵，鼓舞士氣，認為武術可以以舞蹈形式演練；周代設「序」，「序」等學校中也把射禦、習舞列為教育內容之一。

春秋戰國時期，各諸侯國都很重視格鬥技術在戰場中的運用。齊桓公舉行春秋兩季的「角試」來選拔天下英雄。在這時期，劍的製造及劍道都得到了空前的發展。秦漢時期，盛行角力、擊劍，有宴樂興舞的習俗。鴻門宴中即有項莊舞劍，其形式更接近於今天武術的套路。漢代槍的應用達到顛峰，各種槍法開始出現。據傳華佗首創「五禽戲」，是中國武術的濫觴。

▶ 武術的門派與分類

中國武術門派之多，在世界武壇也是非常少見的。據統計，中國目前有「歷史清楚，脈絡有序，風格獨特，自成體系」的拳種約 300 多個。

中國武術的流派繁多，但卻沒有統一的命名方法。有些按地區命名（如河南派心意拳）；一些按山脈、河流（如武當派）；有以宗師姓氏命名（如楊氏太極拳）……以往這些流派會以主修內功、外功來粗略劃分，分為內家拳和外家拳兩大類。

　　1949 年後，終止了正統承傳及武館傳授方式。只有部分門派的武術被編成健身及表演套路，在中小學校教授學生。

　　1980 年代後，一般按內容將其分為套路和搏擊格鬥兩個類別。

1. 武當派：武當派是集合晚清時期至民國初年之傳說及小說資料而形成的江湖武術門派。

　　1927 年，國民政府於南京成立中央國術館，軍中「直系」元老李景林、張之江、杜心五等主政，把各家各派的武術掌門人邀至國術館任教，分少林及武當兩門。少林門長為王子平，管理項目為少林拳、八極拳、劈掛拳、查拳、彈腿；而武當門長是高振東，管理項目為八卦掌、形意拳、太極拳。高振東本人習王薌齋意拳。

　　1931 年，李景林主政山東國術館期間，教授武當劍法、創對劍套路。

　　現在所稱之武當派或內家拳，當出自武禹襄之後。拳種為當時北京天津直隸一帶之地方武術，混合了長拳、炮捶、紅拳、太極拳、八卦掌、形意拳等拳法。

2. 少林派：少林派是傳說中從唐朝嵩山少林寺發展起來的武術門派。

　　1840 年鴉片戰爭後，廣東佛山一帶成立了很多洪門組織，他們多祕密操練拳術，統稱洪拳。因為是反清組織，故將其拳法改稱少林拳，而洪門子弟則化身成少林子弟，他們

共尊已不存在的福建蒲田少林寺為廟宗，少林五老為洪拳始祖。但實則與享受滿清照顧及監視的嵩山少林寺無關。

古代少林武術歷經多次滅佛運動與戰爭殺戮，現今已不復存在，僅知少林武術拳與棍兩種。現少林寺武術以少林武術之名義傳授武術形成得所謂少林 72 絕技，包含重朔老洪拳之套路、十八羅漢手、炮捶、大小洪拳等。還加上長拳、形意拳、北螳螂拳、猴拳、通背等現代拳術，演變成多樣且帶有表演意味的現代套路。但在練習拳套時，仍以硬氣功為主。

▶ 今日的中國武術

1956 年，官方「中華全國體育總會」建立了「中國武術協會」，把武術列為表演項目並成立了武術隊。「中國武術協會」負責管理和分配所有的武術從業者。全國只有 12 個武術組織，教授健身套路及氣功，如楊氏太極二十四式、扇舞、劍舞等、木蘭拳等健身操。

1985 年，西安舉行了首屆國際武術邀請賽，並成立（半官方式）國際武術總會籌委會。隨後地方武術團體相繼成立，如少林寺、精武體育會、武當山道教武術院、中國峨眉武術研究會等。

1987 年，橫濱舉行了第一屆亞洲武術錦標賽。

1990 年，武術首次被列入第十一屆「亞運會」競賽項目。

1999 年，國際武聯被吸收為國際奧會的正式國際體育單項

總會成員，這是中國武術走向世界的標誌。

目前，國際武術總會已有 114 個會員國。

▶ **中國拳術發展到明朝戚繼光時出現了三大系統**

· 長拳系（古拳系）：北拳，包括跳躍、翻跟斗、大車身等動作。因要重複單勢操練，故稱長拳。長拳在宋朝已經發展成熟，多以單勢操練至熟稔為止，至明時加入紅拳、炮錘、華拳等元素。

· 形拳系（少林拳系）：（紅拳、炮錘、華拳加上長拳），明朝以後，取動物捕食時之姿態及風雷雨電之急勢，衍生出北方六合拳、羅漢短打及南方五形洪拳。拳種包括福建五拳、華拳、山西六合拳等。

· 意拳系（新拳系—內家拳系及新派南拳）：簡化了形拳系之重複練習的形式，減去了長拳系的繁瑣動作，改良了一些易對身體造成傷害的練習形式。乾隆時盛行的太極拳是由簡化了之長拳系拳術加上了五行八卦等意念構成，同期之形意拳則以形拳會意而成。

混合以上三大系統，又衍生出現代拳系，如詠春拳、大成拳、截拳道及現今稱武當、峨眉之各流派。

▶ **武術套路**

中國武術的一個比較顯著的特點，就是有許多套路。套路是一連串含有技擊和攻防含義動作的組合。各家各派都有許多表現自己門派特色的套路，而且套路多是循序漸進的，初學者

和練習很長時間的人學習的套路是不同的。

在傳統武術中，套路練習初期多是分開來一招一招練的，讓學習者體會運氣使力、攻防技擊的含義。而這種練習反復不斷地進行，正是為了在實戰中能夠條件反射式地使出相應的招式，也可以仔細體會招式的功效。

例如，號稱「半步崩拳打天下」的形意拳大師郭雲深，對敵總是使用一個招式崩拳，而且嚴格來說只是半個招式，但卻足以擊敗對手。

▶ 武術競賽項目

中國武術套路競賽項目分為自選（或規定）項目、其他項目、對練項目和集體項目。

自選（或規定）項目包括長拳、太極拳、南拳、劍術、刀術、槍術、棍術。

其他項目包括其他拳術，指除規則規定的自選拳術內容以外的拳術。共分為四類，即形意、八卦、八極類；通臂、劈掛、翻子類；地躺、象形類；查、花、炮、紅、華、少林類。

其他器械是指除規則規定的自選器械內容以外的器械項目，共分為三類，即單器械、雙器械、軟器械。

對練項目包括徒手對練、器械對練、徒手與器械對練。

集體項目包括徒手和器械等。

小知識 —— 散手

　　散手，又稱散打，是從中國古代的擂臺發展而來的一項體育競賽，是武術比賽的一個分項。

　　散手比賽一般採用淘汰制，也可使用循環制進行比賽。比賽場地為高 80 公分，長寬各 8 公尺的木臺，臺中央有直徑 1.20 公尺的國際武聯會徽。臺上鋪軟墊，臺下四周鋪有高 30 公分、寬 2 公尺的保護軟墊。比賽一般進行三局，採取三局兩勝制，每局淨比賽時間為 2 分鐘，局間休息 1 分鐘。與其他格鬥類比賽（柔道、跆拳道等）類似，在介紹運動員、每局比賽開始、宣布結果和邊審換人時，相應人員都要行禮（抱拳禮）。為了保護運動員，運動員必須穿戴包括拳套、護頭、護胸、護齒、護襠等在內的完整的護具進行比賽。

拳擊

　　拳擊，別名西洋拳、搏擊，是由兩位選手使用拳頭進行攻擊與防禦的體育運動。

　　拳擊和射箭都是古時人類的生存技巧，原始人用以強健體魄而得以在惡劣環境下生存。弓箭未問世前，人類以拳頭自衛，是拳擊的雛形，最早的歷史記載是西元前 40 世紀的埃及。

　　而在古代奧運活動中，拳擊運動就已經是比賽項目之一。1896 年第一屆夏季奧運會中，由於希臘君王認為拳擊太為暴力、危險而且不為人道，因而不批准拳擊列入該屆的比賽項目。

　　1881 年，英國業餘拳擊協會成立，拳擊開始傳到世界各地。到第二屆夏季奧運會時，男子拳擊已經被正式列入比賽項

目。但在 1912 年斯德哥爾摩奧運中，由於瑞典法律不准許拳擊運動，拳擊曾一度消失。1920 年，拳擊運動再次列入奧運比賽項目的名單之中，一直到現在。

第一屆世界盃女子拳擊錦標賽於 1999 年在芬蘭舉行。

▶ 拳擊的規則

拳擊運動分為職業拳擊以及業餘拳擊。

職業拳擊的雙方選手使用 8 ～ 10 盎司拳套（賽前雙方議定），進行 3 分鐘一回合的對賽，一場職業拳擊賽為 6 ～ 10 回合。

業餘拳擊的雙方選手要帶上頭盔、10 盎司拳套（大會提供），口咬護牙，穿護襠（男性），比賽 3 ～ 4 回合，每回合 2 分鐘，有力擊中對方一下得 1 分（點），最後分（點）數較高或擊倒對手的為勝利者。

小知識 —— 泰拳

泰拳是泰國的傳統搏擊術，特點是可以在極短的距離下，利用拳、肘、膝、腿進行攻擊，是一種非常注重實用性的武術。

從前，泰拳手在搏鬥時會用粗棉線把雙拳纏得如同鎧甲一般，並在拳峰處紮成結，然後將雙拳浸泡在黏液中，再撒上碎玻璃或砂礫，使雙拳表面異常粗糙。後來這種方法逐漸被停止使用，而代之以拳擊手套。

20 世紀初，玫瑰園廣場設立拳臺以後，泰拳便成為一項具備一系列規則的體育運動，拳臺地板由木質材料製成，在上面鋪以用燈芯草做成的墊子，拳手著短褲比賽。比賽以分鐘來計時，設一名裁判。

泰國曾經被緬甸入侵，泰國國王就憑著泰拳戰勝了入侵者，並使泰拳得到普及。後來法國人侵略中南半島，在與泰國對戰時，學會了泰式腿法，讓後世法國人在空手道大賽裡屢屢取得優異成績。這就是李小龍在他的著述中提到的「法國腿」。

擊劍

擊劍在廣義上講是指用手持兵器刺、戳的技術，現代多作為擊劍體育項目的代名詞，是一種優美而驚險的體育運動。擊劍歷史上曾有劍術流傳。

擊劍這項運動是由古代決鬥發展而來的。在巴比倫、波斯、羅馬及希臘，擊劍不僅是一種消遣，更是一種格鬥技巧和作戰技能。1760 年左右，擊劍捨棄了短劍，並且出現了圓形的撥擋、面罩和護胸。到了 1896 年夏季奧林匹克運動會時，擊劍成為正式項目，但當時只有鈍劍（花劍）和軍刀（佩劍）。

擊劍在奧林匹克運動會 100 多年的歷史中從未中斷過。1900 年夏季奧林匹克運動會上，男子銳劍（重劍）被列為奧運項目，1924 年巴黎奧林匹克運動會又增添女子花劍項目。直至 1996 年和 2004 年，奧林匹克運動會擊劍比賽又加入了女子重劍比賽、女子佩劍比賽。

▶ 擊劍的種類

1. 花劍：花劍由劍柄、劍身和護手盤組成。全長不超過 110 公分，重量不超過 500 公克。劍身為鋼製，長度不超過 90

公分，橫截面為長方形；劍柄長度不超過 20 公分；護手為圓形，裝在劍身與劍柄之間，直徑不超過 12 公分，防止偏心。花劍有電動花劍和普通花劍之分。前者劍身前端包有 15 公分的絕緣物，劍柄與劍身、護手盤絕緣；後者劍頭直徑在 5.5 ～ 7 公釐之間，長約 1.5 公分。花劍分男子和女子，均有個人賽和團體賽。比賽時，只准刺對方軀幹的有效部位，不可劈打。正式比賽中運動員使用電動花劍，運動員穿金屬背心。當擊中有效部位時，電動裁判器顯示彩燈；擊中無效部位則顯示白燈。互相擊中時，主裁判按優先裁判權原則進行判決。若雙方同時進攻，並同時擊中（或一方擊中）無效部位則不作判決，比賽繼續。由於花劍輕巧，有效擊中面積小，因此對術、戰術尤為講究。

2. 重劍：重劍由劍柄、劍身和護手盤組成。全長不超過 110 公分，重量不超過 770 克。劍身為鋼制，長度不超過 90 公分，橫截面為三稜形，劍身的寬面最大為 2.4 公釐；劍柄長度不超過 20 公分，護手盤為圓形，深度為 3 ～ 5.5 公分，直徑最大為 13.5 公分，偏心度最大為 3.5 公分。重劍分男子和女子，均有個人賽和團體賽。比賽時運動員全身都是有效部位，只准刺，不准劈打，是最早採用電動裁判器的擊劍運動項目。雙方在 1/25 秒內同時擊中為「互中」，一方超過 1/25 秒以後擊中，電動裁判器只顯示先被擊中一方的燈光。現代這項運動比賽中，擊劍項目為重劍，以擊中一劍決

勝負。由於有效部位大，無優先裁判權規則，故運動員在比賽時比較謹慎，重視時機的選擇。

3. 佩劍：佩劍總長 105 公分，劍身長 88 公分，重量 500 克，劍身橫斷面為梯形，護手盤為月牙盤，劍尖為圓形，沒有彈簧頭。佩劍即可刺又可劈，這是與花劍、重劍最大的區別。佩劍比賽中，腰部以上包括上肢（除後腦）均為有效部位。每刺中或劈中對方有效部位時裁判器顯示彩色燈，而刺、劈中無效部位則無任何信號顯示。得分與花劍相同。

劍道

　　劍道是日本的傳統競技性器械武術。正式的比賽通常在室內進行，因選手赤足，因此對場地木地板的品質有較高要求。選手一對一進行比賽，雙方均穿劍道服，戴護具，持竹劍，按規則相互擊打有效部位，由裁判計點數判勝負。亦可舉行團體比賽，由選手數相等的團體分別一對一決出勝負後計算總分。

　　劍道作為一項運動，在日本有古老的歷史，並且像其他許多社會文化現象一樣，具有豐富的日本文化內涵。劍道與武士的關係密切，可以說劍道是由日本武士們發展的。武士們需要具有忠誠、勇猛、遵守規則、重視尊嚴聲響等品質，這些特徵都融入了劍道運動當中。

　　從明治時代開始，劍道得到大力推廣普及，並開始為日本軍國主義服務。直到二戰結束，才從軍事訓練科目中廢止。從 1950

年代起,劍道作為一項純粹的體育運動逐漸興起,直到今天。

▶ 劍道的特點

1. 對抗性:劍道模擬對抗雙方持刀劍器械的打鬥實戰。劍道訓練可以提高眼力、步法與應變能力。雖然對抗性強,但由於護具完備,所以與其他技擊性運動相比劍道是一項安全的運動,在激烈的正式比賽中也極少出現受傷。

2. 運動化:雖然力求模擬雙方持刀劍器械的打鬥實戰,但因為道具和規則的限制,劍道已變得運動化。運動員足部方面無任何護具提供保護,因而禁止對足部進行攻擊。現在的劍道廢止了從前准許的搶劍招式。

3. 哲學內涵深遠:劍道裡蘊藏了東方哲學的智慧,它講求氣、劍、體一致,以靜制動、不變應萬變、後發制人、弱勝強柔克剛等。劍道還強調精神力量,透過學習劍道可以訓練出處變不驚、以心靜如水地沉著應對危機的能力。

合氣道

　　合氣道是一種根源於日本大東流合氣柔術的近代武術,主要特點是「以柔克剛」、「借勁使力」、「不主動攻擊」。現在所稱的合氣道,分為日本與韓國兩大流派,彼此在各自發展之下已有一些差異。

　　日本合氣道創始人植芝盛平在武術的研究上重視精神層次,並發展出異於合氣柔術的武術理論。1922 年,他的這套理

論正式被命名為「合氣武術」。1942 年，皇武會已開始使用「合氣道」這個名稱；1948 年，皇武會正式改名為合氣會。二戰後，韓國人崔龍述和崔泓熙分別將合氣道和唐手（空手道）引入韓國，並形成韓式風格的合氣道與跆拳道。

1956 年 9 月，合氣道舉辦了第一次公開演武大會，並引起了轟動。以此為契機，合氣道的影響迅速擴大，現在已成為世界非常流行的武術項目。

▶ 合氣道的級別

合氣道的級別分為段與段前級兩個部分，段位元最高為十段。但是，一般九段與十段只授予對合氣道有特殊重大貢獻的人。一般來說，八段已被認為是最高段數了。

段前級有兩種模式，一種是美式六級，一種是日式五級。日式只有黑白兩種腰帶。段前級五級最低，一級最高，但統一繫白色腰帶，在腰帶顏色上沒有分別；初段以上繫黑色腰帶；美式初段以上繫黑帶，但段前級則以不同的色帶分別，六級最低，一級最高。一般來說，六級為白帶，五級為黃帶，四級為橙帶，三級為綠帶，二級為藍帶，一級為褐帶。

柔道

柔道是日本的國技之一，是嘉納治五郎於 1882 年改良自日本古武道柔術而發展出來的一套運動。現在柔道已普及於全球各地，並成為奧林匹克競技項目之一。

 武術運動

▶ 柔道的技法

日本的柔道可以分為「立技」與「寢技」。立技分為投技及捨身技，投技又分為手技、腰技及足技。捨身技又分為真捨身技與橫捨身技。寢技分為三大技法，分別為固技、絞技、關節技，也就是摔倒人後在地面制服對方的動作。

▶ 柔道的段位

柔道依選手的水準有分段位，通常以腰帶的顏色來分辨段位元的高低，未入段的新手為白帶，1～5 段為黑帶，6～8 為紅白間隔帶，9～10 段為紅帶。目前，世界上只有極少數人到達紅帶。但是，在大型運動會上為了便於分辨，往往規定一方繫白色腰帶，一方繫紅色腰帶。北京奧運會為一方穿白色道服，一方穿藍色道服。

桑搏

桑搏，也稱桑勃式角力，意思是「無器械自衛術」，是一門既傳統又現代的武術，同樣也是一門用於防身自衛的武術。原理上講，桑搏隸屬於俄羅斯傳統角力。

桑搏雖然是俄國的重要傳統武術組成體系之一，但直到蘇聯時期，其體系才正式形成，並在 1938 年正式成為 USSR 官方認可的全國性運動項目。

桑搏曾作為蘇聯的國技在其 15 個加盟共和國內廣為發展和傳播，特別是史達林時代，桑搏作為一項團結各民族的體育運

動，在蘇聯的各個共和國內進行。現在分為三個流派：桑搏運動（一種國際性的摔交運動）、桑搏格鬥術（桑搏自衛術）和極限桑搏術（在最危險情況下使用的桑搏）。

1939 年，蘇聯舉行了第一屆全國桑搏大賽。國際範圍內，1973 年伊朗首都德黑蘭舉辦了第一屆世界桑搏錦標賽；1980 年，桑搏在莫斯科奧運會上曾向全世界展示。現在桑搏的世錦賽、世界盃賽、歐洲公開賽等各種各樣的國際比賽也很多。目前已有 40 多個成員國。

▶ 桑搏的規則

桑搏選手穿著紅色或藍色的交衣，繫紅色或藍色腰帶。桑搏的得分同柔道比較相似。如果能乾淨、迅速地將對手摔倒在地上，則可以獲得完全勝利。若雙方的比分差距達 12 分，比賽也將結束。

截拳道

截拳道由已故國際武打電影明星李小龍所創。截拳道是李小龍在美國創立的現代武術體系，是一種融合了世界各國拳術，以詠春拳和中國道家思想為基礎創立的實戰格鬥體系，也是一種全新的思想體系。截拳道是無門無派、全能、無規則的搏擊術。

截拳道又稱振藩截拳道，是美國李小龍基金會以李小龍原名「李振藩」而命名的。

截拳道目前在全世界蓬勃發展廣泛傳播，全世界的學員在百萬以上。

▶ 截拳道的特點

截拳道注重實戰，拋棄了傳統武術複雜的形式套路，在對手攻擊的時候，格擋與反擊同時進行，甚至於不加格擋而直接憑藉快速有力的進攻壓制對手，先發制人。

李小龍表示，截拳道是一種武術哲學，並非打鬥手段，旨在將人類的身體變得「像水一樣」，招式像一條鐵鍊而非一條鋼筋，並且以柔克剛，藉力用力，這樣可以避免很多傷害。

小知識 —— 截拳道的創始人李小龍

李小龍是一位偉大的武術技擊家、武術哲學家、武術革命家、功夫電影開創者和著名武打演員。他從格鬥實戰出發，以詠春拳為技術基礎，糅合了空手道、跆拳道、泰拳、菲律賓拳術、柔術、擊劍等 26 種世界武道精華，汲取中西方哲學及中國傳統武術思想精髓，以武入哲，於 1967 年正式確立其武道哲學「截拳道」之名稱。

截拳道的宗旨是「以無法為有法，以無限為有限」，指引人走向自我解放的自由之路。李小龍認為，「截拳道就是武道哲學」（李小龍語），而絕非一個武術門派，截拳道首先是武術觀及方法論，其哲學化語境尤為重要。而李小龍遺孀蓮達夫人在其文章〈什麼是「振藩截拳道」〉中說到，李小龍終身所學習及教授的一切哲學思想、強身訓練方法及技擊術，均包含於「振藩截拳道」體系中。1996 年，在李小龍女兒李香凝及蓮達夫人的建議下，於美國成立振藩截拳道中心，由蓮達夫人、李香凝、木村武之大師、黃錦銘等十多位李小龍嫡系弟子

組成，以「振藩截拳道」為註冊名稱維護李小龍思想之真涵，使其與世界上其他自稱為「截拳道」之「門派」完全區別開來。

角力

角力是一項古老的競技項目，角力運動中兩人徒手相搏，按一定的規則，以各種技術、技巧和方法摔倒對手。

世界各國都有其富有民族特點的角力形式和方法。中國的角力、蘇聯的桑搏、日本的柔道和相撲，以及古典式角力、自由式角力等，均屬角力範疇，都有自己獨特的摔法和比賽規則。希臘、中國、日本以及埃及等國家的古代文獻中就有相關的文字記載。

角力在西元前 708 年的古代奧運會上就已經是比賽項目，目前國際式角力比賽形式有古典式和自由式兩種，比賽時按體重分級進行。古典式角力在 1896 年首屆現代奧運會就被列為比賽項目，自由式角力則是在 1904 年被正式列為奧運會比賽項目。

角力比賽場地為邊長為 12 公尺的墊子，其厚度一般在 6 公分左右，墊中央直徑 9 公尺的圓圈為比賽區。

▶ 古典式角力

古典式角力比賽時，運動員手臂抱對方的頭、頸、軀幹和上肢，將對方摔倒後並使其雙肩觸及墊子者為勝，如果在規定的時間內未能出現這種情況的話，則按得分的多少判定名次。比賽時不得抓衣服、不允許進攻對方的下肢。

▶ 自由式角力

自由式角力可手足並用，用抱頭、抱頸、抱軀幹、抱上下肢、纏腿、勾足、挑腿等動作將對方摔倒並使其雙肩觸墊者為勝，如果在規定時間內未能出現這種情況，則按得分的多少判定名次。比賽時不許抓衣服和使用反關節、窒息動作。

空手道

空手道，是由距今 500 年的古老格鬥術和從中國傳入日本的拳法揉合而成的。那時琉球的上層階級暗中參考中國的拳法創造了獨特的唐手，即最初的「空手道」。而在「唐手」之前，已有「那裡手」和「首裡手」兩種根據地域命名的拳法，成為現今空手道各流派的淵源。

空手道的「空」，解釋有二：一為空手，手無寸鐵；也可解釋做「唐」，唐者，唐朝也，中國在唐代進入盛世，唐人即是中國人。因此唐手即中國的手技。

除了空手、唐手外，此武術亦曾被稱為琉球手。琉球國是中國明清兩朝時的藩屬國，位於日本南面，非常弱小。當地人民常往來於中國，其中某些人拜師於武館後返回琉球。光緒五年（1879 年），日本侵占琉球，改名沖繩縣，同時執行禁武、禁兵器令。但當地民眾仍群起反抗，他們以學自中國的武術，加之琉球的武術，甚至加上生活工具（如打禾用的雙截棍、撐船用的槳）奮起反抗。這種用以反抗、戰鬥的武術當然是以殺人為目的。

後來，此武術流入日本，經過發展分流，逐漸成為現今的空手道。

▶ 空手道的技巧

傳統的空手道是運用拳腳的殺傷力，克敵制勝的一種徒手武術；後來隨著全世界技擊運動的發展，空手道也分出多個新興流派，融合了各種格鬥技的技巧。現存的空手道流派包括具有傳統技術風格的傳統空手道、結合了拳擊技術和泰拳技術的全接觸空手道以及結合了摔投寢技的「格鬥空手道」。

▶ 空手道的段位

和柔道、跆拳道一樣，空手道的等級也是用腰帶顏色來表示的，而每一個流派都有自己的等級規則，比如松濤館流：

10 ～ 9 級：白帶（初學者）；8 級：黃帶；7 級：紅帶；6 級：橙帶；5 級：綠帶；4 級：藍帶；3 級：紫帶；2 ～ 1 級：茶帶（分茶帶二段和茶帶一段）。

- 白帶：入門後，與道服配套購買
- 黃帶：體能、基本功、五本組手、平安一段
- 紅帶：黃帶所有內容、三本組手、平安二段
- 橙帶：紅帶所有內容、三本組手（正反）、平安三段
- 藍帶：橙帶所有內容、一本組手、平安四段
- 綠帶：藍帶所有內容、一本組手、平安五段、三人實戰、破板一塊
- 紫帶：綠帶所有內容、一本組手、鐵騎初段、五人實戰、

破板三塊

· 茶帶：紫帶所有內容、一本組手、自由型兩套、十人實戰、破板五塊

· 黑帶（入段）：茶帶所有內容、十一套型、二十人實戰、破板十塊

跆拳道

　　跆拳道是一種使用拳腳進行格鬥、對抗的運動項目。這項運動在 1988 年漢城（即今首爾）奧運會成為示範項目，並於 1992 年的巴賽隆納奧運會開始進行公開競賽，但並不計入獎牌榜，到 2000 年的雪梨奧運會成為正式的比賽項目。

　　跆拳道是朝鮮半島人民的國技，受朝鮮悠久歷史文化影響，具有濃厚的朝鮮文化色彩。「跆」意為運用腳進行攻守、馬步的技術，「拳」代表以手進行攻守的技術，「道」是指練武者對武術的心靈修為。它既是一項能強身健體又能防身自衛的傳統搏擊術，更是一項新興的集健身、競技、娛樂為一體的現代競技體育運動，集力學、兵學、哲學、醫學、倫理學為一體，以技擊格鬥為基礎，以修心養性為核心，以磨練人的意志、振奮人的內在精神氣質、培訓練習者良好的禮儀道德為目的。

▶ 國際組織

　　跆拳道在全世界的組織主要分為兩個體系，分別為國際跆拳道聯盟（簡稱「ITF」）體系及世界跆拳道聯盟（簡稱

「WTF」）體系。ITF 體系成立的時間比較早，而 WTF 體系成立時間則比較晚。現在的奧運會採用的是 WTF 體系。

1961 年 9 月，韓國成立了唐手道協會，後更名為跆拳道協會。1966 年 3 月 22 日，由跆拳道始創人崔泓熙將軍創立的第一個國際組織 —— 國際跆拳道聯盟成立（朝鮮 ITF），當時有九個國家加入。

1973 年 5 月，世界跆拳道總會在首爾成立，1975 年被國際體育總會接納為正式會員。1980 年國際奧會正式承認世界跆聯。迄今為止，世界跆聯已有 144 個會員國，6,500 多萬愛好者參加練習。

▶ 跆拳道的段位

- 十級為白帶，其表示空白，根本沒有跆拳道知識，意味著入門階段。
- 八級為黃帶，表示大地，草木在大地生根發芽，意味著學習基礎階段。
- 六級為綠帶，表示成長中的綠色草木，意味著技術的進步階段。
- 四級為藍帶，表示藍天，草木向著藍天茁壯成長，意味著進度達到相當高的階段。
- 二級為紅帶，是色帶階段的最後一個色帶等級，紅色表示危險，已具備相當的威力，意味著克己和警告對手不要接近。

體操運動

　　體操是一類運動項目的總稱，國際體操總會將其分為幾個單項：競技體操、韻律體操、彈翻床、健美體操、普及體操、特技體操。

自由體操

　　自由體操是競技體操項目之一，運動員在規定的場地和時間內完成成套動作。男子體操和女子體操都有這個項目。

　　自由體操於 19 世紀始於德國，1903 年成為世界體操錦標賽比賽項目。男、女自由體操分別於 1932 年和 1952 年被列為奧運會比賽項目。1958 年第十屆世界體操錦標賽規定，女子自由體操必須有音樂伴奏。

　　從 1992 年奧運會起，團體分不帶入單項賽，僅以自選動作的比賽成績確定名次，男、女滿分均為 10 分。

　　從 2006 年使用體操新規則起，得分不設上限。由 A 分和 B 分兩部分組成。A 分為難度分，不設上限；B 分是完成分，滿分 10 分。團體預賽前八名獲得決賽資格，每隊最多有兩人參賽。

　　根據國際體操總會的規定，標準自由體操場地長 12 公尺，寬 12 公尺，安全區域 1 公尺。大部分比賽的專用場地在地板下面裝有彈簧或橡膠，使場地富有彈性，這樣可以跳得更高，並減少運動員落地時的衝擊力。自由體操明確規定了邊界，界外的區域由其他顏色的地毯標識或貼明顯的膠帶。大部分場地在規定場地外還留有幾英尺的安全區域，在運動員不幸摔倒出界時起保護作用。

鞍馬

　　鞍馬是競技體操項目之一，只有男子體操有這個項目。鞍馬起初是由金屬架子支撐木頭製作並包裹皮革的「馬」，馬體上有一對鐵環；現在大部分支架採用新型的塑膠或合成金屬，而「馬」則用塑膠製作。

　　1896 年，鞍馬被列為奧運會比賽項目，但當時只有 2 名運動員參加了 1896 年夏季奧林匹克運動會的鞍馬比賽，他們是瑞士的路易士·朱特和德國的海曼·魏因加特納。

▶ 器械要求

　　根據國際體操總會的規定，標準鞍馬器械要求高 115 公分（包括 20 公分落地墊），長 160 公分，寬 35 公分，鞍環高度 12 公分，鞍環距離 40 ～ 45 公分（可調節）。

▶ 動作要求

　　一套典型的鞍馬動作包括單環上的動作和雙環上的動作，以雙環動作為主。全套動作以併腿全旋為主，在鞍馬的所有部位上做動作。運動員通常還會加上移位轉體、環上轉體、分腿波浪迴旋（湯瑪斯迴旋）等難度動作。全套動作的下法也很重要，可以是倒立下馬，也可以越過馬下馬。

　　鞍馬被認為是男子體操六個項目中最難的，除雙手之外的任何身體部位都不能接觸鞍馬，整套動作不能停頓。

▶ 比賽規則

現代鞍馬成套動作的主要特徵是利用鞍馬的所有規定部位，用不同的支撐姿勢完成不同的迴旋擺動動作（分腿或併腿）、單腿擺動和（或）交叉，允許有經手倒立加轉體或不轉體的動作，所有的動作都必須用擺動完成，不能有絲毫的停頓，更不允許有力量動作或靜止動作。

運動員必須從站立姿勢開始，在允許做第一個動作時走上一步或跳起撐鞍馬。動作評分從運動員的手撐鞍馬開始。

吊環

吊環是男子競技體操項目之一。近代吊環運動起源於法國，這是受雜技演員懸空繩索表演的啟發而創造的，之後又傳入德國和義大利。1842 年，德國人施皮斯製作了第一副吊環。

早期的吊環動作只有一些擺動動作和簡單的懸垂，作為體操訓練的輔助方法。19 世紀，吊環成為獨立的男子體操項目，1896 年被列為第一屆奧運會的比賽項目。

▶ 器械要求

根據國際體操總會規定，標準吊環器械要求高 275 公分（包括 20 公分落地墊），兩個環距離 50 公分，環直徑為 18 公分。

▶ 動作要求

吊環有兩種基本動作，分別是力量性支撐動作和回環動

作。回環動作是指運動員的身體，而不是吊環；力量支撐要求運動員保持良好的支撐，並控制足夠長的時間，不能有任何的抖動，神態也要顯得很輕鬆；回環動作要做得連貫，動作結束點應能穩定地控制身體姿態。

▶ 比賽規則

　　一套吊環動作應由比例大致相等的擺動、力量和靜止部分組成。這些動作之間的連接是透過懸垂、經過或成支撐、經過或成手倒立來完成的，以直臂完成動作為主。由擺動到靜止力量、或由靜止力量到擺動的過渡是當代吊環項目的顯著特點。環帶不允許擺動和交叉。

　　評分從運動員腳離地做第一個動作開始。運動員可從靜止站立跳起開始比賽，或在教練員的幫助下成雙手握環懸垂雙腿併攏的良好靜止姿勢開始比賽，但不允許教練員幫助運動員起擺。吊環決賽時，每隊最多 2 名運動員參賽，只有在團體賽中吊環成績排在前八名或前六名才有參賽資格。比賽中只比自選動作，將運動員在團體賽中規定動作與自選動作總得分的 1/2，加上吊環決賽中自選動作的得分計算最後得分排列名次，並透過得分的高低排列名次，滿分為 20 分。

　　從 1992 年奧運會起，團體分不帶入單項賽，僅以自選動作的比賽成績確定名次。滿分為 10 分。

跳馬

跳馬運動源於羅馬帝國末期的騎術。最初都是跳真馬，後來改為與真馬外型相似並配有馬鞍的木馬。1719 年將馬腿改為立柱，1795 年德國的維斯首先去掉木馬的馬頭，1811 年又去掉馬尾，將兩端改為圓形，馬身用皮革包裹。

1836 年，德國的施皮茲在學校體操節首次表演跳馬；1877 年，德國規定跳馬必須助跑六步，從正側兩個方向過馬和做 1～2 次支撐動作。

▶ 器械要求

根據國際體操總會的規定，要求標準跳馬器械高 125 公分（女子）和 135 公分（男子），長 120 公分，寬 95 公分，助跑跑道長度為 25 公尺。

▶ 比賽規則

男女運動員跳馬的助跑距離最長為 25 公尺，所有跳馬動作都必須透過用手推撐跳馬來完成。第一次跳馬結束後，運動員應立即返回到開始位置，出示信號後，再進行第二次試跳。

以男子跳馬（「A」分）為例，運動員在資格賽、團體決賽和全能決賽中，必須完成一個跳馬動作。想獲得跳馬決賽資格的運動員，在資格賽中必須跳兩個動作，這兩個動作必須是不同結構組的動作，而且第二騰空動作不能相同。

在完成每一次跳馬動作前，運動員都必須向 A 組裁判顯示

該動作在規則中對應的動作號碼。可由他人說明出示號碼顯示牌，出現顯示錯誤時不對運動員進行處罰。

雙槓

　　雙槓（parallel bars）是男子競技體操項目之一。19 世紀初，雙槓已成為歐洲廣為流行的一種健身器械，後來被德國體操家 F. L. 楊（Friedrich Ludwig Jahn）定型為體操器械，1812 年後成為德國體操學派傳統的鍛鍊項目。

　　19 世紀中葉，瑞典體操學派的學說流入德國，在瑞典學習過體操的柏林皇家中央體育學校校長 H. 羅特施泰，因認為單槓、雙槓對青少年的生理有害，把德國的傳統單、雙槓排除於體操教學之外。1860 年前後發生了一場爭論，柏林體操聯盟的三個人起草反對取消單、雙槓的抗議書，醫務參事官等 19 名醫生進行了專門的研究，最終認為雙槓運動符合人的生理特點。德國最高醫務機關接受了後者的論點，從此雙槓才在體操運動中站穩了腳跟。從第一屆奧運會起，雙槓就被列為體操競賽項目。

▶ 器械要求

　　根據國際體操總會的規定，要求標準雙槓器械高 195 公分（包括 20 公分落地墊），長 350 公分，兩條槓的間距 42 ～ 52 公分（可調節）。

▶ 動作要求

一套典型的雙槓動作包括在支撐位置、倒立位置和掛臂位置的轉換，運動員要在這些位置做擺動、擺越、屈伸、弧形擺動、回環、空翻和靜止等動作。最後，整套動作的下法要求運動員必須站在槓的一側。

▶ 比賽規則

雙槓決賽時，每隊最多 2 名運動員參賽，只有在團體賽中雙槓成績排位前 8 名或前 6 名的運動員，才有參賽資格。比賽中只比自選動作。將運動員在團體賽中規定動作與自選動作總得分的 1/2，加上雙槓決賽中自選動作的得分，計算最後得分排列名次，得分高者名次列前。滿分為 20 分。

從 1992 年奧運會起，團體分不帶入單項賽，僅以自選動作的比賽成績確定名次。從 2006 年使用體操新規則起，得分不設上限。由 A 分和 B 分量部分組成，A 分為難度分，不設上限；B 分是完成分，滿分 10 分。

單槓

單槓運動的起源，可以追溯到人類的祖先原始人在叢林中進行的各種攀登、爬越、擺動、擺盪等動作。當時，這種活動只是一種生活實用技能，後來隨著社會的進化逐漸演化為一種鍛鍊身體的手段。

進入封建社會以後，它與祭神賽會相結合，其中「槓子

會」、「槓子房」就是專門以練槓子為主的民間組織和場所。由於當時的器械是在兩根交叉的木棍上架一橫槓,所以民間稱之為「五根棍」,這就是現代單槓器械的雛形。

到清朝嘉慶年間,發展出了「上把」(倒立、大回環)、「中把」(各種掛膝、掛臂回環和轉體)、「下把」(各種水準懸垂、上法和下法)等三大類動作,上是現代單槓運動的萌芽。

1896 年,單槓被列為奧運會比賽項目。

▶ 器械要求

國際體操總會規定運動器材高度 275 公分(包含大約 20 公分高的墊子),長 240 公分,槓直徑為 28 公分。

動作要求:單槓成套動作全部由擺動動作組成,不能停頓。動作包括向前、向後大回環,各種換握、騰身回環,各種轉體、扭臂握以及飛行動作。

▶ 比賽規則

單槓的動作以計分制評判,一套動作裡通常有 11 ～ 15 個不同的技術要求,包括大回環、近槓動作、圍繞身體縱軸的轉體及飛行動作,雙手有正握(掌心朝前)、反握(掌心朝後)、交叉握(一隻手正握,一隻手反握)等姿勢,其中至少要有一次雙手離槓(然後重新抓槓)的動作,至少一次背部朝向單槓的動作,至少一次轉體動作。最後,下槓的動作是否優美穩定也是評分的重要依據。

高低槓

　　高低槓是競技體操項目之一，只有女子體操有這個項目。高低槓是由金屬的支架支起平行的、高度不同的兩條槓，槓通常由木頭、塑膠或複合材料製成。

　　早期，女子體操運動員也用雙槓，可這樣會令女子的上肢負擔太重，不適應女運動員。於是，人們就採用兩根高低不平的槓子，也就是把雙槓的一根槓子升高，另一根槓子保持原來的高度，讓運動員在這兩根高低不平的槓上進行坐、仰、臥、立撐、平衡等比賽動作。這就是高低槓的前身。

　　到 1960 年以後，高低槓技術的發展日新月異，器械也不斷完善，終於產生了今天大家見到的高低槓。

▶ 器械要求

　　根據國際體操總會的規定，標準高低槓器械要求高槓 245公分，低槓 165 公分，長 240 公分，兩條槓的間距 130 ～ 180公分（可調節）。

▶ 動作要求

　　高低槓槓子的橫切面是橢圓形的，比較粗大，因此在做動作時要採用「鉤握」（五個手指在槓子的一邊）的方法，這也是高低槓動作的特點之一。運動員在高低槓上以懸垂或支撐姿勢進行屈伸、回環、擺越、換握、轉體、倒立、騰越、空翻等動作，這些動作對發展上肢、肩帶和腹背肌肉力量有良好作用。

▶ 比賽規則

從 1992 年第 25 屆奧運會開始，團體賽中高低槓得分不帶入單項決賽，滿分 10 分。從 2006 年使用體操新規則起，得分不設上限，由 A 分和 B 分兩部分組成。A 分為難度分，不設上限；B 分是完成分，滿分 10 分。團體預賽前八名獲得決賽資格。每隊最多有 2 人參賽。

平衡木

平衡木是女子體操項目之一，1952 年第 15 屆奧運會開始列為比賽項目。平衡木在 18 世紀起源於德國，既而傳往歐美各國。

平衡木表面狹窄，對運動員完成動作的準確性和控制身體平衡的能力有很高的要求，其動作包括各種跳步、轉體、波浪、平衡、造型及技巧翻騰，並組成成套動作。

到 1980 年代，平衡木運動發展迅速，自由體操中的大量動作都被移植到平衡木上，平衡木運動也已從動靜結合發展成以動為主、難中求穩的競技項目。

▶ 器械要求

在國際大型體操比賽中使用的平衡木，必須嚴格按照國際體操總會的規定和要求製作。平衡木高 125 公分，長 5 公尺，寬 10 公分。起初，平衡木的表面是光滑的油漆過的木頭。自 1980 年代後，平衡木表面包裹皮革。現在，平衡木裝有彈簧來緩解高難度的空翻和舞蹈動作所產生的壓力。

 體操運動

▶ 動作要求

平衡木上的許多動作與自由體操動作相似，但難度越來越大。運動員也是從一塊跳板上平衡木，在 75 ～ 90 秒時間內完成動作後下平衡木。平衡木動作也要求連貫，用時不足或超時、搖擺、中途落地、停頓等都會被扣分。

▶ 比賽規則

成套動作從雙腳離開踏板或墊子時開始計算。不允許在踏板下放支撐物。當選手第一次助跑沒有接觸到踏板／器械時，允許選手進行第二次助跑完成上法。如果選手在第二次助跑後，依然沒有成功完成上法，則必須直接上到器械上完成成套。上法（沒有出現在難度表中）失誤會直接扣除編排分，但如果選手之前都沒有接觸到踏板或器械，則不追加扣分。成套動作完成時間不得超過 90 秒。

韻律體操

韻律體操，起源於歐洲。1962 年被國際體操總會確定為比賽項目。1963 年起舉辦第一屆世界韻律體操錦標賽。1984 年被列為奧運會正式比賽項目。

韻律體操原來只有女子比賽項目，但現在日本、美國、加拿大、澳洲、俄羅斯、韓國、馬來西亞、墨西哥等國家，已有男子進行韻律體操運動，稱為男子韻律體操。首屆世界男子韻律體操錦標賽於 2003 年 11 月 27 ～ 29 日召開。

男子項目與女子項目不同，女子的韻律體操主要有繩操、圈操、球操、棒操和帶操五種；而男子的通常沒有球操和棒操，而是加入了棍樑。

▶ **繩操**

韻律體操項目之一。在音樂伴奏下，以手持繩完成有節奏的連續不斷的身體動作。整套動作由手持繩作擺、繞、卷、拋接動作以及徒手操、技巧和舞蹈等各種基本動作編組而成。

繩操使用的輕器械是由纖維或相似材料製成的繩子，長度不限，依運動員身高而定。

韻律體操中的繩操與一般跳繩不同，它與各種舞蹈、轉體、平衡、跳躍等動作結合起來，千變萬化，講究動作的完美、風格、幅度，強調節奏性，合理的時間、空間分配，使表演起伏、流暢，在音樂伴奏下更富有表現力和美感。

▶ **球操**

韻律體操中球操裡用的球採用橡膠或軟塑膠製成，可選用除金、銀、銅以外的其他顏色。直徑 18 ～ 20 公分，重 400 克以上。球操的技術以各種拋球、拍球和球在身上或地上自由滾動為主，配合在手上平衡、環繞、螺旋、八字以及轉動等動作。

▶ **棒操**

棒用木或合成材料製成，長 4 ～ 50 公分，重量至少 150克。棒的形狀類似瓶狀，粗的部分為棒體，細的部分為棒徑，

頂端圓球為棒頭。棒操的技術動作以小繞環、小五花繞（小雲手）和拋起在空中的轉動為主，以及擺動、繞環、敲擊和滑動、滾動等，可以雙棒同時或單棒依次完成。

▶ 帶操

帶固定在棍上。棍用木、竹、塑膠、玻璃纖維製成，長50～60公分，帶用綢緞或其他不上漿的類似材料製成，寬4～6公分，長至少6公尺。帶操的技術動作主要是不同的蛇形、螺形、繞環以及八字繞拋起、脫手再接等。

▶ 圈操

圈用木材或不變形的塑膠製成，內徑80～90公分，重量至少300克。圈操的技術動作以圈在地上或身上滾動和轉動為主，另有圈的擺動、繞環、八字、拋接，從圈中、圈上越過等動作。

彈翻床

彈翻床是一項運動員利用彈翻床的反彈表現雜技技巧的競技運動，屬於體操運動，有「空中芭蕾」之稱。

彈翻床的歷史約有200年左右。早在19世紀時，印地安就出現了類似彈翻床的運動。而在馬戲團中，彈翻床是特技人員常用的表演道具。

至於近代的彈翻床則始創於法國。後來，彈翻床逐漸普及，不久後便流行於美國。

二次世界大戰時期，美國借用彈翻床來訓練空軍飛行員。戰爭結束後，德克薩斯州於 1947 年舉行第一屆的全國彈翻床表演賽，一年後彈翻床成為了正式的比賽項目。而最大規模的世界錦標賽於 1964 年首次展開，五年後第一屆歐洲錦標賽於巴黎出賽。2000 年雪梨的奧運會上，彈翻床項目被正式列入比賽項目之一，其中包括男子、女子個人項目。

▶ 場地設施

現代彈翻床賽事中，彈床內共有 112 個彈簧；彈翻床框架長 5.050 公尺，寬 2.910 公尺，高 1.150 公尺；網長 4.028 公尺，寬 2.014 公尺。

▶ 動作要求

彈翻床分為網上和單跳項目。網上項目是借助彈力床的彈力將人體彈向空中，在空中做各種體操動作和翻筋斗的競技運動，分單人、雙人和團體等項目，有規定和自選各十個動作，根據動作的編排、難度和完成動作的品質評分；單跳是在一條鋪上厚毯的木質窄長專用跑道上完成的，在這條跑道上，運動員要連續完成一整套高難技術動作，包括前空翻、後空翻、側空翻、前空翻接側空翻、後空翻接側空翻等，最後落在跑道盡頭的墊子上。按照規定，整套動作應由八個以內的單個動作構成，最後必須以空翻動作結束。

體操運動

有氧健身操

　　有氧健身操（aerobics）是一項深受廣大群眾喜愛、普及性極強，集體操、舞蹈、音樂、健身、娛樂於一體的體育項目。目前還沒有成為奧運會的比賽項目，但在社會上非常普及，也是在歐美國家學校最受歡迎的一個項目。

　　有氧健身操競賽項目包括男子單人、女子單人、混合雙人、三人（男三、女三、混合三人）、混合六人（男三、女三）啦啦操等。比賽按性質分錦標賽和冠軍賽兩類。

　　有氧健身操起源於 1968 年。1983 年，美國舉行了首屆有氧健身操比賽；1984 年，首屆遠東區有氧健身操大賽在日本舉行。由於兩次大賽的成功舉辦，1984 年起有氧健身操運動在世界各地全面興起。每年國際上舉辦的活動有有氧健身操世界錦標賽、世界盃賽、世界冠軍賽和世界巡迴賽等。

　　1987 年，北京舉辦了首屆全國有氧健身操邀請賽，隨後1988 年、1989 年、1990 年和 1991 年先後在北京、貴陽、昆明、北京舉辦了四屆邀請賽。1992 年起，改名為全國錦標賽，成為每年舉辦的傳統賽事。另外，1992 年和 1995 年在北京還舉辦了兩屆全國有氧健身操冠軍賽。1998 年，舉辦了全國錦標賽暨全國有氧健身操運動會。

▶ 有氧健身操的分類

　　有氧健身操可分競技有氧健身操和健身有氧健身操兩大類。競技有氧健身操在練習場地的大小、參加人數的多少、特定

動作、動作節奏快慢等方面有嚴格、統一的標準，參賽者必須按規則進行，不得擅自更改。競技有氧健身操目前有三項比賽，分別是全國有氧健身操比賽、全國職工有氧健身操比賽和全國大學生健美操比賽。

　　有氧健身操的目的在於保持健康，適宜社會不同年齡層次的人。它根據練習對象的需求創編，動作簡單易學、節奏稍慢、時間長短不等，可編排 5 分鐘到 1 小時。例如，美國著名有氧健身操明星珍‧芳達所編的初級健美操，一套有 27 分鐘。

小知識 ── 拉丁健身操

　　拉丁健身操來源於國標中的拉丁舞，但不強調基本步伐。確切地說，它是健身操的一種，強調能量消耗，對動作的細節要求不高，注重運動量和對髖、腰、胸、肩部關節的活動。

　　拉丁健身操自由隨意，熱情奔放，節奏明顯。它的鍛鍊重點在於腰和髖部，同時使大腿內側得到充分鍛鍊。拉丁健身操的另一個特點，是在熱烈奔放的拉丁音樂中感受南美風情，同時在健身操中增加舞蹈元素，在鍛鍊之外更可自我享受。拉丁健身操要求百分之百的情緒投入，越是淋漓盡致地把拉丁的感覺發揮出來，就越能在音樂中釋放情緒。燃燒激情的同時，也讓身體的脂肪一起燃燒。

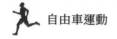 自由車運動

自由車運動

　　自由車運動常指借助自由車（單車）開展的各種運動的總稱，屬於借助人力推動的半機械化運動。極少使用獨輪車、三輪車、四輪車或其他用於運輸、娛樂或運動的人力車輛開展此項運動。自由車運動在公路或小道上進行，根據不同的環境和要求開展此項活動，有自由車旅行、越野自由車運動、雪地自由車運動等等。

　　自由車運動的開展，最早興起於歐洲和北美等已發展國家。1868 年 5 月 31 日，法國聖克勞德公園內舉行的自由車比賽為世界上最早的自由車比賽。首屆國際性自由車賽事為1893 年舉行的首屆世界業餘自由車錦標賽，1896 年在希臘雅典舉行的第一屆奧運會自由車比賽即為正式比賽項目。

　　1900 年 4 月 14 日，在法國、比利時、瑞士、美國和義大利的宣導下，國際自由車總會在法國巴黎成立。

　　自由車運動於 20 世紀初期在亞洲開始出現，日本於1908 年在東京成立東京輪士會，1915 年 5 月在上海舉行的第二屆遠東運動會（中國、日本和菲律賓三國參加）共設八個比賽項目，其中自由車為比賽項目之一。

公路自由車

公路自由車運動是運動員從一地出發，沿公路騎行的運動。

公路自由車的輪胎比普通自由車窄，並且胎壓可以達到 100 psi 以上，所以在行駛過程中的摩擦力和登山車相比低不少。其製造廣泛採用了新型材料，比如鈦合金、碳纖維、高級鋁合金材料等，所以公路自由車的重量很輕，一般約為 8 ~ 9.5 公斤。

由於上述的特點，公路自由車的騎行速度要比普通自由車快很多。普通的愛好者稍加訓練後，一般都可以達到每小時 35 公里平路的水準。而一個優秀的公路自由車運動員，在路況良好的平地路段上長距離騎行時的平均時速可以保持在每小時 40 ~ 50 公里的速度。

▶ 公路自由車賽種類

公路自由車賽的分類方法有很多種，最基本的有兩種，即多人同時出發的比賽和個人 / 隊分別出發的計時賽。

多人同時出發的比賽又可分為街道賽、單日賽和多日賽。街道賽在美國比較流行，一般選定 5 公里左右的循環路線，路線上有很多彎，選手們出發後先沿著路線騎一定的時間，如 1 小時，然後比賽組織者根據選手們的騎行速度決定之後騎行的圈數。

單日賽往往要求選手們在一天內騎行很長的距離，選手們全程都全力以赴，毫無保留，最著名的也是最具挑戰性的單日賽事是巴黎－茹蓓，需要途經很多石塊鋪成的路面，損壞車

胎、車輪，甚至損壞車架都是家常便飯。

專業多日環行賽往往長達 1～3 週的時間，對選手的耐力要求極高，需要在開始時保持體力。由於很多多日賽都包括山間公路賽段和計時賽，所以能夠在這些賽段有出色的表現是贏得多日環行賽的關鍵。

除此之外，贏得多日賽還需要強大的隊伍、聰明的戰略和完善的後勤。由於多日賽如此具有挑戰性，能贏得一個賽段也是莫大的榮譽。

▶ 公路自由車賽事

目前最負盛名的公路自由車賽事是每年一度的環法公路自由車賽，始於 1903 年，迄今已有 100 多年的歷史。比賽一般在每年的 7 月舉行，參加比賽的選手在 23 天的時間裡完成 21 個賽段，總騎行距離長達 3,000 多公里，途中還要翻越高聳的庇利牛斯山脈和阿爾卑斯山脈，比賽的難度可想而知。但是，整個比賽路線沿途風景如畫，選手們不時穿越一個個美麗的鄉間小鎮，而這一切正是環法自由車賽的魅力所在。美國運動員藍斯阿姆斯壯（Lance Edward Armstrong）在癌症康復後連續贏得七次環法，史無前例。

每年在環法賽前有環義大利賽（始於 1909 年）作為暖身，因此到了環法賽時，各選手更是全力奮力以赴，更是精彩。之後，又有環西班牙大賽（始於 1935 年），以免愛好者得不到滿足。

場地自由車

場地自由車比賽也稱為「圓形場地」。場地賽中採用的自由車只配有一個齒輪且無閘。這些看起來先進的技術和器材卻是經過多年的改進才獲得的，目的只有一個，就是讓人把自由車騎得越來越快。

在 1984 年洛杉磯奧運會上，出現的新技術和器材特別多，其中包括首次出現的沒有輻條的碳素輪胎。1992 年巴賽隆納奧運會上，英國選手博德曼（Christopher Miles Boardman）就是憑藉賽車技術的提高，為英國獲得了自 1920 年以來的第一枚金牌。博德曼的自由車為全碳素材料，總重量還不到 9 公斤，且在很多零件都用上了空氣動力技術。

2000 年雪梨奧運會上，場地自由車再次展開了技術大戰，且在項目上也有增加，女子增加了場地 500 公尺個人計時賽，男子增加了奧林匹克爭先賽、麥迪遜賽、競輪賽。

▶ 場地賽的分類

場地自由車賽需要在賽車場進行。賽車場為橢圓盆形，賽道用硬木、水泥或柏油築造，賽道周長分 400 公尺、250 公尺和 333.33 公尺，其中 333.33 公尺為國際標準場地；賽道寬 5 ～ 9 公尺，彎道坡度 25° ～ 45°。所用自由車應為死飛輪（fixed gear），不得安裝變速裝置和車閘。奧運會比賽項目有追逐賽、計時賽、計分賽、爭先賽。

1. 追逐賽：追逐賽分個人追逐賽和團體追逐賽。

   個人追逐賽出發時，兩名運動員分別位於賽道正中的起、終點線上，槍響同時出發，互相追逐。在規定的距離內，如後面的運動員追上前面的運動員或與之並排，被追上或並排者淘汰；未被追上，則以到達終點的時間決定勝負。獲勝者參加下一輪比賽。

   團體追逐賽需要每隊四名運動員參加。比賽時，運動員之間保持 1 公尺左右的距離，呈梯形隊站立，槍響同時出發。

   如一隊的第三名運動員追上另一隊的第三名運動員或與之並排，被追上或並列的隊淘汰；如未追上，則以各隊第三名運動員到達終點的成績判定名次。每隊必須有三名運動員到達終點方可計算成績。

   現在的奧運會比賽項目中，有男子 4,000 公尺個人追逐賽（1964 年列入）、4,000 公尺團體追逐賽（1920 年列入）以及女子 3,000 公尺個人追逐賽（1992 年列入）。

2. 計時賽：計時賽是彼德萊在 1889 年設計的，比賽依據運動員到達終點的時間排列名次。比賽時，運動員在同一起點單個出發，抽籤決定出發順序。出發犯規延後五人重新出發，再次犯規取消比賽資格。以每名運動員到達終點的成績判定名次，優者列前。如成績相等，則名次並列。奧運會僅設男子 1,000 公尺計時賽，1928 年被列為比賽項目。

3. 計分賽：又稱積分賽。比賽前先抽籤排列順序，指定一名領騎者。比賽時，由領騎者領騎一圈，到達起點線時，發令員鳴槍，比賽正式開始。每五圈錄取前四名計分，第一名得 5 分，第二名得 3 分，第三名得 2 分，第四名得 1 分。半程和終點計分加倍。如果將大集團套圈，則能得到 20 分。以運動員比賽中的總得分排列名次。奧運會僅設男、女 50 公里個人計分賽，分別於 1984 年和 1996 年被列為比賽項目。

4. 爭先賽：又稱速度賽。一般排定 2～4 名運動員同時原地出發，計最後 200 公尺的時間，首先透過終點者為勝。男、女 1,000 公尺爭先賽分別於 1920 年和 1992 年被列為奧運會比賽項目。2004 年，第 28 屆雅典奧運會設男子個人爭先賽、1,000 公尺個人計時賽，4,000 公尺團體追逐賽、4,000 公尺個人追逐賽、奧林匹克競速賽、個人計分賽、麥迪遜賽、競輪賽，女子爭先賽、3,000 公尺個人追逐賽、個人計分賽、500 公尺個人計時賽等 18 個項目。共有 188 名運動員參加比賽，其中男子 154 人、女子 34 人。

▶ 場地自由車賽道

場地自由車的賽道分直道和彎道兩種。

1. 直道：木質賽道對鋪裝以及材料的硬度、剛度等都有很高的要求，每四圈 1,000 公尺長的賽道只允許誤差 50 公釐。北京的老山自由車館的賽道寬達 11 公尺，其中包括 7 公尺寬的比賽賽道和 4 公尺寬的祕密通道，賽道從圓心向外擴散逐

漸形成弧形坡度。按照國際自盟的要求，整條賽道的坡度在 13° ～ 47° 之間。

2. 彎道：橢圓形賽道既有衝刺的直道，又有彎度很大的彎道，可以讓運動員完美展現衝刺技術和過彎技術。

山地自由車

　　山地自由車賽，顧名思義，就是在高低崎嶇不平的顛簸山地賽道上進行比賽。該賽事 1977 年誕生於美國西岸的舊金山。當時，一群熱衷於騎沙灘自由車在山坡上玩樂的年輕人突發奇想：「要是能騎著自由車從山上飛馳而下，一定非常有趣！」於是便開始了越野自由車的設計製作，而正式命名山地車則是兩年後的事。從此，「速降競技」作為體育比賽中的一個新項目嶄露頭角，運動員騎登山車沿規定的下坡線路高速滑降，速度快者為勝，吸引了眾多的愛好者。

　　1996 年第 26 屆亞特蘭大奧運會上，首次將登山車男子、女子的越野繞圈賽列入正式比賽項目。

▶ 山地賽的分類

　　山地自由車賽分為越野賽、速降賽、分段賽、爬坡賽、雙人繞桿賽、特技賽、超長越野賽、短程賽、耐力賽等。

1. 越野賽：自由車比賽項目之一，山地車賽的一種，分繞圈、超長、短程和耐力四種。繞圈賽賽程至少 6 公里一圈，持續

時間隨分類不同而不同；超長賽賽程至少 30 公里，有明顯的海拔高度變化，集體或單個（計時賽）出發，通常比賽起終點非同一地點，但大圈的環形路可相同；短程賽路線每週最多 6 公里，起終點設同一地方，在保證安全的前提下，可設置自然或人為的障礙物，比賽路線上同時騎行的運動員最多 80 人；耐力賽是一項測驗運動員控車技術、機械故障處理、按圖騎行和速度耐力能力的長距離綜合性項目，時間可持續兩天或兩天以上，設有多個檢查點和不同路線。

2. 速降賽：簡稱「DH」，自由車比賽項目之一，山地車賽的一種。較少蹬車，將快、慢技術結合，以技巧性為主的比賽；比賽路線必須有3%為鋪設的路面（如柏油、水泥等）；必須全都是下坡騎行路段，由單人道、跳躍、慢地段、田野、森林道和礫石道混合組成；採用個人計時賽的方式，以成績優劣排列名次。

3. 分段賽：自由車比賽項目之一，山地車賽的一種，用兩天或更多的時間進行一系列項目的比賽，以總成績時間或總得分來判斷比賽名次的比賽；頂級比賽舉行時間最少 5 天，最多 8 天；次級比賽舉行時間最少 2 天，最多 4 天。

4. 爬坡賽：自由車比賽項目之一，山地車賽的一種。賽程通常 30 分鐘左右，視上坡的地形而定。比賽路線至少應包括 80％的上坡騎行路段，集體或單個出發；起點設在一個指定位置，終點設在另一個海拔更高的地方。

5. 雙人繞桿賽：自由車比賽項目之一，山地車賽的一種。兩名
運動員並排下坡，騎行於設有固定、柔軟有韌性的標桿的賽
道上：先通過終點標桿為獲勝者，以淘汰賽決定總獲勝者。

▶ 山地車賽的賽制

在山地車賽的出發點，所有選手同時出發。男子山地車賽
全程為 40 ～ 50 公里（6 ～ 7 圈）；女子比賽全程為 30 ～ 40 公
里（5 ～ 6 圈）。比賽的確切路程要等到比賽前一天晚上才能確
定，主要是裁判要根據天氣等條件來掌握比賽時間。一般男子
選手需 2 小時 15 分，女子選手需要 2 小時左右。這種令參賽選
手極度疲勞的比賽還存在海拔上的變化，其高度將從海拔面升
高到海拔 230 公尺左右。

BMX 小輪車

BMX 小輪車項目是一個新興的項目，起源於美國，現在在
歐美比較流行，是北京奧運會的新增項目。

BMX 小輪車起源於 1960 年代末期的美國加利福尼亞州，
當時摩托車越野賽在美國十分流行。而摩托化的運動也激起了
人們的競爭性，兒童和青年也渴望參加比賽，但是卻受到年齡
的限制。於是，他們就自己動手建設賽道，穿上摩托車手一般
的服裝，使用自由車進行競賽。這種比賽的成本十分低廉，易
於家庭接受，這就使得這個項目迅速發展。尤其是在加州，這
種運動十分流行。

1981 年 4 月，國際 BMX 聯盟成立，並於 1982 年舉行第一屆世界錦標賽。1993 年，BMX 聯盟正式併入國際自由車協會。

▶ BMX小輪車的場地

小輪車賽場由直道、彎道和多個障礙組成，跑道長度在 300 ～ 400 公尺之間，起點寬度不少於 10 公尺，在整個賽道的任一地段寬度不少於 5 公尺。

出發臺至少要高於第一直段跑道水平面 1.5 公尺，出發坡的長度不少於 12 公尺，出發門需要 8 公尺寬、50 公分高；出發坡與其夾角應成 90º。從起點線向前 10 公尺處要標出八條跑道的位置，彎道坡度的設計要確保運動員在高速狀態下安全進出。出發門應有電子控制和手動控制兩套裝置，並有燈光指示系統。

終點線位於賽道的終點處，由一條 4 公分寬的黑色直線和兩側各 10 公分寬的白色帶狀標誌、共 24 公分寬的線帶組成。設置終點錄影設備，以協助裁判判定終點名次。

▶ BMX小輪車分類

小輪車比賽分為在泥地賽道上的越野單車競速賽和以技巧為主的自由式越野單車比賽。其中，自由式越野單車可具體分為五種，分別為最原始的泥地競速比賽、泥地跳躍（利用泥土做成的坡度進行跳躍花式比賽）、街道（利用模仿街道障礙的道具場地進行比賽）、半管道（在半管道場地裡進行跳躍花式比賽）、平地花式（在指定的平地裡利用 BMX 車做各種平衡滑行的動作進行比賽）。

賽車運動

　　賽車是一種向時間與速度挑戰的運動。在 1895 年，這項運動第一次在法國出現。如今，它已經成為了全世界吸引最多觀眾觀看的一項體育賽事。

　　賽車運動起源距今已有超過 100 年的歷史。最早的賽車比賽是在城市間的公路上進行的，許多車手因為在公路比賽而喪生，於是專業比賽賽道應運而生。第一場賽車比賽於 1887 年 4 月 20 日在巴黎舉行。

　　賽車運動分為兩大類：場地賽車和非場地賽車。

　　場地賽車，顧名思義就是指賽車在規定的封閉場地中進行比賽。它又可分為漂移賽、方程式賽、轎車賽、運動汽車賽、GT 耐力賽、短道拉力賽、場地越野賽、直線競速賽等。

　　非場地賽車的比賽場地基本上是不封閉的，主要分拉力賽、越野賽及登山賽、沙灘賽、泥地賽等。

　　在方程式賽中，又包含了一級方程式、三級方程式、GP2、F3000、印地賽車、美國冠軍方程式、福特方程式、康巴斯方程式及卡丁車等。

小型賽車

　　卡丁車（Go-Kart），又稱高卡車或小型賽車，是一種賽車運動。顧名思義，車手所駕的車子論大小、功率輸出比起專業級的要少得多，適合初學者學習及休閒用。

　　卡丁車最初於 1950 年代首度在美國出現，當時的飛行員為了打發時間，於 1956 年製造了卡丁車。後來，傳到了許多其他的國家。

　　全世界所有頂尖的賽車手，大多數是從小時駕駛卡丁車開始的。

▶ 現在的卡丁車主要分為

1. 練習車：沒有嚴格的限制，一般使用 200 cc 四行程引擎或 80 cc 二行程引擎，極速大約時速 50 公里，最大馬力約 3 ～ 5 匹，主要作用是讓沒有賽車經驗的人體驗卡丁車，也用作兒童及青少年賽事。

2. Formula A：配用 125 cc 兩行程引擎且經國際卡丁車聯會認可的引擎，極速大約時速 150 公里，最大馬力約 33 匹。

3. Shifter Kart：基本和 Formula A 相同，但配有變速箱，極速約時速 180 公里。

4. Super Kart：配備 250 cc 兩行程引擎及變速箱，最大馬力約 90 匹，極速約時速 250 公里。由於車速甚高，一般會配上擾流設備，增加穩定性。

▶ **賽道規定**

卡丁車賽道一共有三類，分別是室內卡丁車賽道、室外卡丁車賽道和變速箱卡丁車賽道。

室內卡丁車賽道長至少 600 公尺，寬至少 6 公尺；室外卡丁車賽道長最多 1,500 公尺，寬至少 8 公尺，直線段最多 170 公尺；變速箱卡丁車賽道長最多 2,500 公尺，寬至少 8 公尺，直線段長度不限。

一級方程式賽車

一級方程式賽車（F1）是由國際汽車聯盟（FIA）舉辦的最高等級的年度系列場地賽車比賽，全名是「一級方程式錦標賽」。

F1 被很多人認為是賽車界最重要的賽事，同時也是最昂貴的體育運動，其賽車往往採用汽車界最先進的技術。F1 每年會舉辦一系列的比賽，比賽場地是全封閉的專門賽道，或者是臨時封閉的普通公路賽道。每年約有十支車隊參賽，經過 16 ～ 20 站的比賽，來競爭年度總冠軍的寶座。

F1 賽車發源於歐洲，今天已風靡全球，其前身是 1920 年代和 1930 年代舉行的歐洲大獎賽。二戰結束後，隨著機動車賽的重新建立，F1 錦標賽最終在 1950 年正式開賽。

▶ **比賽用車**

F1 比賽採用的賽車為單座四輪，敞開式座艙。這種沒有車頂與車窗玻璃的車身有助於減少車身上半部重量，降低重心，

增加操控穩定,將車身大小減至最小,連輪胎周圍的葉子板
(擋泥板)也不裝設,有助於減少車身正前方迎風面積與車重,
是最純粹的比賽用車,有別於有車頂及較完整車身的 GT 車或
原型賽車。

▶ 比賽制度

因為 F1 比賽的時間不是跨年度的,所以 F1 使用的是單一
年度聯賽制度,積累全年積分來決定車手和車隊的成績,以產
生冠軍。

在 F1 大賽舉辦過的所有比賽中(1950 ～ 2008 年),其中
舉辦最多的是歐洲,多在義大利的蒙扎(Monza),接下來就
是摩納哥、贊德沃特、斯帕(Spa)、銀石(Silverstone)和紐倫
堡,最少的是大洋洲,只有 11 次。

以前的車賽常借用城市的街道和公路作為賽道,而且比賽
規則也不完善,選手也因此受到了很大的局限。隨著專業賽道
的出現,比賽規則也在不斷完善中,這也使車手有了更好的
發揮。

▶ F1 總冠軍

F1 的年度總冠軍分為兩種,分別是車手總冠軍及車隊總冠
軍。在很多 F1 專家的眼中,車隊總冠軍的價值大於車手總冠
軍。計分方式是採積分制,車手與車隊的積分都是累積的。車
隊積分則以兩位車手積分累加。如果比賽在未達全部賽程 75%
時被迫中止,則積分必須乘上 1/2,透過各賽站積累計分,方可

決定出本年度車手及車隊的世界冠軍。如果最終積分相同，則比較分站冠軍數、亞軍數、季軍數……直到一方比另一方多為止。如果依舊相同，還要比較正賽最快圈速的多少、桿位的多少，終極的方式將透過抽籤決定。

小知識 —— F1賽車紀錄之王舒馬克

舒馬克（Michael Schumacher）是 F1 車手隊伍中最有天賦的人物。每場比賽之前，他進行的準備也最為全面、最為紮實。在車隊裡，舒馬克無疑是一面旗幟。無論在賽場內，還是在賽場外，他總是全神貫注於車賽，很少受到其他事情的干擾。即使在母親去世之後，他仍然堅持參加比賽。他的行動不時鼓舞著隊友與他一同奮鬥。

舒馬克是目前保持紀錄項目最多的車手。儘管年輕的車手對舒馬克總是懷抱冠軍不放氣憤不已，可是他們對舒馬克在溼滑的跑道上能夠奇妙地控制高速飛奔的汽車也是欽佩至極。

三級方程式賽車

三級方程式賽車（簡稱 F3）是高成本花費和高技術等級的單座位四輪賽車比賽，賽事等級僅次於一級方程式賽車（F1）和 GP2。三級方程式賽車的賽事由國際汽車聯盟（FIA）所舉辦，三級方程式指三級方程式（F3）和三級方程式等級的賽事。

許多一級方程式車手在進入一級方程式賽車前，都曾參加過三級方程式賽車，所以三級方程式賽車一向被視為培育一級方程式車手的搖籃。當中最著名的車手有冼拿、麥可·舒馬克和米卡·海基寧（Mika Häkkinen）等。

▶ 三級方程式跑車

三級方程式與一級方程式的跑車外形無異，基本上屬於同一類型，是講求速度和專業的跑車。三級方程式跑車與一級方程式最大差別在於跑車的馬力大小，F1 跑車可突破 900 匹馬力，而 F3 則是 230 匹。按照國際汽聯（FIA）的規則，三級方程式賽車使用無坑紋的賽車胎和擾流器。

印第賽車

印第賽車（IndyCar，又譯印地賽車）原名 IRL。比賽在橢圓形賽道中進行，由於它發展得越來越精彩刺激，所以從 1996 年開始了美國國內的錦標賽，並改名為印第車賽系列。

▶ 印第 500

「印第車賽系列」的核心賽事是印第安納坡里斯 500 英里賽，俗稱「印第 500」。

在 1911 年 5 月追悼戰亡者的紀念日上，美國舉辦了第一次比賽，後來成為美國每年舉行的賽事，並將比賽地點固定下來，已成為與 F1 摩納哥大獎賽和利曼 24 小時耐力賽並列的世界三大車賽之一。

這一賽事吸引多達到 40 萬的觀眾，賽車平均時速為 360 公里（一圈 2.5 英里的賽道大約 40 秒跑完），最高時速達到 390 公里，獎金總額高達 10 億日元，冠軍獎金相當於 2 億日元及銀色的獎盃。無論從哪方面講，這項車賽都是異乎尋常的大型比賽。

► **賽道**

「印第賽車系列」只是在橢圓形場地舉行,從來沒有在其他賽道(由各種形狀和不同長度的彎道、直線所構成的賽場)舉行過。

但是,橢圓形賽場也有各種區別,比如有的場地能有效減少因高速行駛而滑出賽道的危險(如印第安納坡里斯和風達那的賽道),還有的因轉彎角度小而必須急減速的短橢圓形場地,以及像德克薩斯賽道那樣有轉彎路面高傾斜角的場地。

► **賽車**

賽車的形狀與 F1 賽車一樣,為車輪、駕駛艙全露的單座型賽車,使用 3.5 公升的自然進氣引擎,甲醇燃料,最大輸出功率約 650 馬力並採用引擎極限轉數。2003 年,引擎提供方除豐田汽車公司以外,還有 GM(雪佛蘭)、本田等三個廠牌,賽車底盤有英國製造的 G 強力底盤和義大利製造的達拉拉兩種。輪胎由法亞斯特公司獨家提供。變速箱為六檔變速,對引擎和底盤的要求與以前相比,連前後擾流板的角度都嚴格規定,為的是盡可能地使賽車的性能水準一致,減少差別。

► **F3000、F1、A1、印第賽車的差異**

F3000 被喻為 F1 的先修班,速度比較接近,但畢竟還是不及,要不然車手就不會透過 F3000 晉升到 F1 了。

A1 賽車都由一個公司統一設計,水準遜於 F1 賽車,速度也不及,與 F3000 很類似,只不過上升到成國與國的賽車競賽。

　　印第賽車構造與前三者都不同，雖然也有誇張的空氣動力套件，但它還在使用渦輪增壓式引擎，因此馬力輸出甚至大於F1，但其整體為了橢圓型賽道設計，而且過大的直線加速，意味著在轉彎時要減緩速度，總體上也就不及 F1 了。

世界拉力錦標賽

　　世界拉力錦標賽（World Rally Championship, WRC）是一項由國際汽聯（FIA）組織的，全世界範圍內級別最高的拉力系列賽事。

　　第一場 WRC 賽事在 1973 年舉行。WRC 世界拉力錦標賽可說是所有賽車種類中最嚴苛、也最接近真實世界的賽車，因為所有參賽車輛都是以市售量產車為基礎研發改裝而成的，賽道都是由各主辦國提供國內的公路所組成 —— 瑞典的冰天雪地、阿根廷的惡劣山路、西班牙的高速道路、紐西蘭的草原、非洲肯亞的原野，還有泥濘的雨林、雪地、沙漠及蜿蜒山路等等全球各地最具代表性險惡路段的道路。這些道路全都是真實世界的道路，幾乎可以說是「只要有路的地方，就能進行 WRC 比賽」。

▶ WRC賽程

　　世界拉力錦標賽的賽站分布於全球，包括柏油、砂石和冰雪三種不同的路面。每個賽站分為若干普通賽段和特殊賽段，規則與一般拉力賽事相同。

WRC 全年賽程有 14 站，分別在 14 個國家舉行，賽季分為兩部分，在上半年度賽季結束之後，會經過約一個月的休息之後再進行下半年度賽季。

WRC 的比賽方式很特別，一場分站比賽要跑三天，總比賽里程有時會長達 1,500 公里。由於賽道是由普通的道路組成，所以不像封閉賽車場是一路跑完的，WRC 賽道通常是分布在一個地區的許多段道路組成的，賽車必須跑完一段賽道後再開往下一段賽道進行比賽。如此一天跑個幾段，連續跑三天才算跑完比賽。因為一般道路不像賽車場的跑道寬敞，再加上會有前車煙霧的影響，因此 WRC 比賽是採取賽車每隔幾分鐘逐一出發的比賽方式，所以不會有一般賽車場的兩車追逐鏡頭（除非有人落後了），比賽是以各車完成各段比賽時間的總和論勝負。

▶ WRC參賽駕駛者

由於賽程相當遠且複雜，因此 WRC 賽車是由兩人搭檔駕駛，正駕駛為車手，副駕駛為領航員。領航員會依據先前紀錄的路書向車手提示彎道、路況等比賽資訊，而車手則依領航員的指示以最快且安全的速度將車子帶向終點。

跟一般一位車手駕駛一臺賽車相比，WRC 賽車除了考驗車手與領航員的專業技術外，更考驗著兩個人的合作默契。

▶ WRC賽車規格

世界拉力錦標賽的賽車為裝配有 2.0 升渦輪增壓引擎，並嚴格按照國際汽聯的世界拉力賽車改裝規則改裝成的四輪驅動公

路賽車。與一級方程式賽車不同的是，WRC 的參賽車型必須為
市售量產車。

水類運動

　　水類運動，是各種與水有關的體育運動的統稱。依據這些運動的主要活動空間與水面的關係，大致可以分為「水面下」、「水面上」，以及混合兩種狀況的「水中」三大類。其中有一部分運動的主要活動空間雖屬於水面下或水中，但已經習慣使用「水上」二字，例如水上救生。

　　另外，有些運動僅有一部分與水有關，例如現代五項與鐵人三項。

 水類運動

游泳

游泳是人在水上靠自身漂浮，借自身肢體的動作在水中前進的技能。游泳可分為競技游泳和實用游泳兩種，競技游泳是奧林匹克運動會中的第二大項目，包括蝶式、仰式（也稱背泳）、蛙式和捷泳（也稱爬泳／自由式）四種泳姿，以及花式游泳等。

競技游泳源於 19 世紀中期的英國及澳洲，1837 年英國游泳協會成立，開創了近代游泳競賽的歷史。1869 年，英國業餘游泳總會成立，這是世界上第一個國家游泳總會。20 世紀初，世界各國的游泳比賽開始普及。1894 年 6 月 16 日，在巴黎成立國際奧林匹克委員會時，游泳被列為 1896 年的奧運會項目。1908 年，國際游泳總會（FINA）成立。

▶ **蝶式**

在四式裡為第二快的游泳姿勢（爬泳＞蝶式＞仰式＞蛙式）。蝶式是從蛙式發展而來，以海豚腿為基礎，利用腰部力量做出類似海豚的打水動作，手臂則以划大圈在頭前打水前進。近年的蝶式基本技術特徵為雙臂同時划水一次，打腿兩次。

蝶式容易造成運動傷害，因此應盡量保持姿勢正確。要避免蝶式的運動傷害，重點在於不要用盡全力來游，因為蝶式需要比較大的力量，稍一不慎便會用力過度。主要的傷害有兩種，一種是手部肌肉拉傷，二是背腰部的肌肉拉傷。如果要用盡全力才可以游，那代表動作上有很多地方需要改進。

蝶式對於二頭肌有一定的幫助，長期蝶泳的選手，骨架會稍寬。

▶ 仰式

仰式又名背泳，是一種人體仰臥在水中的游泳姿勢。仰式包括反蛙式和反爬泳，因為臉面在水面上，呼吸很方便，但是游泳者看不到游向哪裡，容易弄錯方向。

1900 年，在巴黎舉行的夏季奧運會開始有 200 公尺仰泳比賽。現在一般有 50 公尺、100 公尺和 200 公尺的仰泳比賽。

▶ 蛙式

蛙式（又稱俯泳、胸泳）是模仿青蛙游泳的一種游泳姿勢。與爬泳與仰式不同，這種姿勢可以讓游泳者保持頭部向前，方便觀察前方是否有障礙物，避免撞上不明物體。蛙式使游泳者有充裕的時間調整速度，觀察距離，依自己的節奏游。

蛙式必需手與腳與呼吸配合，划水前進。手是先五指併攏前伸，再來手往胸部的地方划轉一圈，手回復前伸動作。在手劃到靠近胸前之時，抬頭出水面以嘴吸口氣，再潛入水中。手部動作前伸後約 1 ~ 3 秒，再做腳部划水動作。腳部的動作是兩腿略分，向前屈膝，腳跟與腳掌平行，後蹬，收腿，讓身體向前划行，如此配合連續動作。

蛙式是四種基本泳姿中速度最慢的一種，但是適合於長距離游泳。

▶ 捷式

爬泳或捷式（常被誤解為自由式）被認為是至今所發現的人類游泳姿勢中最快的一種。爬泳是「縱軸擺動游泳姿勢」主要兩種之一，另外一種是仰式。不像仰式、蝶式和蛙式，爬泳不受國際業餘游泳總會管制，但是被大部分游泳選手在自由式競賽中使用。

小知識 —— 蛙式世界紀錄

男子 200 公尺蛙式的世界紀錄是日本運動員丘普科夫於 2019 年 7 月 26 日在世界游泳錦標賽游出的 2 分 06 秒 12；女子 200 公尺蛙式的世界紀錄保持者是美國運動員斯洪馬克（Tatjana Schoenmaker），她在 2021 年 7 月 30 日東京奧運會上游出了 2 分 18 秒 95 的好成績。

鐵人三項

三項全能（triathlon），又稱為鐵人三項或三鐵，是由三項運動由組成的比賽。在當代，鐵人三項運動主要指按順序進行的游泳、自由車和短程馬拉松比賽。

國際鐵人三項聯盟（ITU）創建於 1989 年，為國際賽事的管理機構，一直致力於將鐵人三項加入奧運比賽項目。2000 年雪梨奧運會上，鐵人三項初次成為奧運比賽項目（1,500 公尺游泳、40 公里自由車和 10 公里跑步）。

鐵人三項起源於美國。1974 年 2 月 17 日，一群體育愛好者聚集在夏威夷的一家酒吧裡爭論當地舉辦渡海游泳賽、環島

自由車賽、檀香山馬拉松賽哪個項目最有刺激性、挑戰性，最能考驗人的意志和體能。美國海軍中校科林斯提出，誰能在一天內先在海裡遊 3.8 公里，然後騎乘自由車環島騎行 180 公里，再跑完 42.195 公里的馬拉松全程，中途不得停留，誰就是真正的鐵人。科林斯的想法得到大家的支持。第二天，有 15 人參加比賽，其中還有一位女選手。結果，有 14 人完成了全程，第一名的成績是 11 小時 46 分。該次比賽後來被追認為首屆世界鐵人三項錦標賽。

鐵人三項最初僅在夏威夷和加利福尼亞流行，後逐漸在澳洲、紐西蘭、西班牙、法國、英國、日本、中國等國家廣泛開展。

▶ 賽事級別

國際鐵人三項聯盟將國際鐵人三項賽事級別定為奧運會、世界錦標賽、世界盃、國際積分賽共四級。

▶ 奧運會鐵人三項賽

每四年舉辦一屆，每個國家最多有男、女三名選手參賽，世錦賽前三名、洲錦賽第一名和取得國際鐵聯積分成績排名前 50 位的選手，方有資格參加奧運會比賽。

▶ 鐵人三項世界錦標賽

每年一屆，國際積分排名前 100 位的選手必須參賽。

▶ 鐵人三項國際積分賽

每年 12 站，是各國選手為獲取奧運會參賽資格的第一步。

賽事級別僅次於世界錦標賽。

▶ 比賽規則

　　鐵人三項比賽是對技巧和耐力的嚴峻考驗，這種艱苦的比賽包括三個部分，分別為 1.5 公里游泳、40 公里自由車和 10 公里的長跑一起組成。鐵人三項比賽的運動員在不同項目之間不能停頓，一項比賽到達終點後就要立即進入下一項比賽的起點。

　　男子和女子的鐵人三項比賽都是一次性的在同一個路線上分別舉行。最棒的男子運動員要用 1 小時 50 分鐘完成比賽（游泳 20 分鐘，騎自由車 1 小時，長跑 30 分鐘）；而最好的女子運動員要比男子運動員多用 12 分鐘。第一個完成全部三項比賽的獲得冠軍。

1. 游泳：游泳是三項賽的第一項，在雪梨奧運會上設置了一座浮橋，運動員們從浮橋上同時跳水出發。他們要沿著由浮標和繩索標誌出的三角形路線前進，如果有人抄近路就會受到處罰。運動員可以用他們喜歡的任何姿勢游泳，但實際上所有的運動員都選擇自由式。

2. 自由車：從水裡上岸後，運動員要馬上轉入自由車的賽程。在自由車賽段中，整個賽程必須騎自由車完成。但是如果車胎出了問題，運動員可以帶車跑到換胎站換胎。一般來說，運動員必須自己換胎。

3. 長跑：長跑賽段最重要的規則就是運動員必須用自己的雙腳完成全部比賽。這一條規則聽起來容易明白，但在一些令人

難忘的鐵人三項比賽中，尤其是最艱苦的夏威夷鐵人三項賽中，有一次美國選手朱麗・摩斯 (Julie Moss) 最後是爬過終點線的。這種情況不能在奧運會上發生。

4. 換項：在緊張的比賽過程中，一名運動員從游泳換到自由車，或從自由車換到長跑時所用的時間至關重要。所以規則規定，在換項區域裡的運作要受到嚴格的監控。運動員在換項區域內不能阻止其他的運動員，或侵犯他人的競賽設備。他們必須使用指定的專用自由車架，完成自由車賽段後再將自由車放回原架。從運動員將自由車從架上取下時起直到完成自由車賽段並將自由車放回原架時止，運動員必須戴好頭盔以保證安全。運動員必須在指定的區域或者起始線處上下自由車，在換項區域內不得騎車。

最後，禁止任何人裸體或者不適當的暴露身體 —— 這條規則看似簡單，但當運動員快速從水中上岸、脫掉防水衣、戴上頭盔、套上鞋子，還要從架上取下自由車，「事故」常常會在這時發生。運動員的目標是在 30 秒以內完成換項的工作。

現代五項

現代五項（亦稱為軍事五項），是一項極講求體能的體育運動。現代五項起源於法國拿破崙時代的陸軍單兵戰鬥技能。據傳有一個軍令：傳令軍騎馬穿越障礙物、與敵方比劍、游過河流、用手槍打出一條出路，到了最後跑著到軍官面前報告訊息。

現在，現代五項中包括擊劍、馬術、游泳、射擊以及賽跑。現代五項於 1912 年夏季奧林匹克運動會時被列入比賽項目之一，後來一直沒有被取消。

在 1996 年亞特蘭大奧運前，現代五項的所需時間本來是 4 ～ 6 天，之後改為在一天之內完成。另外，在 1992 年之前的奧運，現代五項曾有男子團體賽，後被取消。

現代五項的內容：可以說，現代五項是一項上山下海的運動，五項分別是射擊、擊劍、馬術、游泳和賽跑。

射擊利用的是 0.45 毫米的空氣槍，以站姿射擊 10 公尺外的定靶，每人必須擊發 20 發，每發之間不得超過 40 秒。

擊劍項目使用的是重劍，為循環賽模式。每場有 1 分鐘的時間，如在 1 分鐘之內雙方未能得分雙方則被判負。

游泳是 200 公尺的自由式游泳，水道的排序是依選手同項比賽的最佳成績排列。

馬術項目為障礙賽，選手在比賽前 20 分中抽選所要駕馭的馬，並用這段時間與馬相處。女子組為 350 公尺，男子組為 450 公尺，並分別跨越 12 ～ 15 個障礙。

賽跑時，男女選手均進行 3 公里的越野賽，按之前四項的得分依次起跑，最先到達終點德就是冠軍。

▶ **強者**

現代五項中，瑞典於奧運奪得最多的男子賽事中的金牌。女子項目的強者是匈牙利。

小知識 —— 水上救生運動

　　水上救生是一項包含游泳及救生技巧的競技運動，為世界運動會競賽運動之一。依水域的不同，分為靜水競賽和海水競賽兩大類，各有其不同的比賽項目，但皆以速度取勝。

　　靜水競賽包括 200 公尺障礙游泳、50 公尺帶假人、100 公尺混合救生、100 公尺穿蛙鞋帶假人等個人項目；4×50 公尺障礙接力、4×25 公尺帶假人接力、4×50 公尺混合救生接力等團體接力項目。

　　海水競賽包括海浪游泳、救生板競速、海洋鐵人賽（四項）等個人項目，以及救生板救生、魚雷浮標救生等團體項目。

水上芭蕾

　　水上芭蕾也叫花式游泳（artistic swimming），即包含游泳、體操和芭蕾等各種技巧的兼具舞蹈表演和藝術造型的女子游泳項目，又稱「水上舞蹈」。該運動項目同時需要足夠的身體基本素養、力量和舞蹈技巧。表演者必須在水中做出許多托舉、旋轉、彎曲動作，而每個動作和每一組舞蹈都不能借助泳池底部的地面。由於運動員是在水上和水中完成各種花式，所以許多動作是在人為暫時停止呼吸的情況下在水中完成的，如倒立。

　　水上芭蕾最早起源於歐洲，1920 年代始於加拿大，1930 年代傳入美國。1934 年，美國芝加哥世界博覽會演出的一場花式游泳引起了巨大的轟動，之後影星埃瑟·威廉姆斯在 1940 ～ 1950 年代米高梅進行的水上音樂劇「花式游泳」的表演，作為女子水上運動的新興舞蹈項目而很快走紅。

▶ 水上芭蕾的賽制

世界花式游泳錦標賽設有三個項目，即單人、雙人和團體項目，奧運會設定兩個項目；雙人先進行預賽，前 12 名在決賽中完成自由自選節目，集體項目沒有預賽。單人、雙人和團體都分兩部分比賽內容，即技術自選和自由自選。

▶ 奧運項目

花式游泳在 1948～1968 年期間一直是奧運會的表演項目，被稱作「花式游泳」；美國洛杉磯第 23 屆奧運會首次被列為正式比賽項目，正式取名為「花式游泳」。這項比賽是純女子項目，澳洲雪梨第 27 屆奧運會和希臘雅典第 28 屆奧運會，均設兩枚金牌，即雙人組和團體賽兩個項目。

集體項目參賽名額為來自八個代表團的八支隊伍參加集體項目，每隊八名運動員上場比賽。雙人和集體項目都可以在自由自選比賽中選擇自己的音樂和動作。

跳水

跳水的歷史非常久遠。從人類掌握游泳技能後，就開始有了簡單的跳水活動。早在西元前 5 世紀，古希臘花瓶上就有描繪一群可愛的小男孩正頭朝下作跳水狀的圖案。中國在宋代出現了名為「水秋千」的簡單跳水器械。17 世紀，在斯堪地納維亞半島、地中海、紅海沿岸一帶的港口，從岸上、桅桿上跳入水中的活動就開始盛行了。同時，瑞典與德國的體操運動員為了

安全地練習空中滾翻的動作，也在水邊的高架上練習。

　　現代跳水運動始於 20 世紀，1900 年瑞典運動員在第二屆奧運會上表演了跳水。1904 年在聖路易斯奧運會上，跳水首次列入奧運會項目。跳板跳水是 1906 年在雅典首屆奧運會上列入奧運會項目的。1912 年，在斯德哥爾摩奧運會上，女子跳水運動員第一次參加了比賽。2000 年，雪梨奧運會更增加雙人跳水項目。

　　現代競技跳水是在 20 世紀初同其他歐美體育運動一起傳入中國的。1979 年以來，中國選手在各國際重大比賽中獲得優異的成績。在世界跳水運動中處於領先地位的國家有中國、俄羅斯、加拿大等。跳水運動要求運動員有協調、柔韌、優美、平衡感和時間感等素養。

　　跳水運動一般可分為競賽性跳水和非競賽性跳水兩大類。競賽性跳水又分為競技跳水和高空跳水。

▶ 競賽性跳水

　　競技跳水是奧運會正式競賽項目之一，分跳板跳水和跳臺跳水。比賽時，運動員在一端固定一端有彈性的跳板上起跳並完成跳水動作稱跳板跳水（跳板距水面的高度規定為 1 公尺和 3 公尺）；運動員在平直堅固的跳臺上起跳完成跳水動作稱跳臺跳水（跳臺距水面的高度規定為 5 公尺、7.5 公尺和 10 公尺）。

1. 跳板跳水：運動員在一端固定，另一端有彈性的板上進行跳水運動，跳板離水面的高度有 1 公尺和 3 公尺兩種。跳板跳

水根據運動員的起跳方向和動作結構分向前、向後、向內、反身和轉體五組。比賽時，男子要完成五個有難度係數限制的自選動作和六個無難度係數限制的自選動作，女子要完成五個有難度係數限制的自選動作和五個無難度係數限制的自選動作。每個動作的最高得分為 10 分，以全部動作完成後的得分總和評定名次，總分高者名次列前。男、女跳板跳水分別於 1908 年和 1920 年被列為奧運會比賽項目。

2. 跳臺跳水：在堅硬無彈性的平臺上進行。跳臺距水面高度分為 5 公尺、7.5 公尺和 10 公尺三種，奧運會、世界錦標賽、世界盃賽限用 10 公尺跳臺。跳臺跳水根據起跳方向和動作結構分向前、向後、向內、反身、轉體和臂立六組。比賽時，男子要完成四個有難度係數限制的自選動作和六個無難度係數限制的自選動作，女子要完成四個有難度係數限制的自選動作和四個無難度係數限制的自選動作。每個動作的最高得分為 10 分，以全部動作完成後的得分總和評定成績，總分高者名次列前。男、女跳臺跳水分別於 1904 年和 1912 年被列為奧運會比賽項目。

3. 雙人跳水：兩名運動員同時從跳板或跳臺起跳完成跳水動作，又稱雙人同步跳水。分雙人跳水個人和雙人跳水團體兩類。雙人跳水個人比賽包括五輪不同的動作，其中兩輪動作的平均難度係數為 2.0，其餘三輪動作無難度係數限制。在五輪動作中，至少有一輪動作是兩人同時向前起跳，一輪動

作是兩人同時向後起跳，一輪動作是一個人向前起跳，一個人向後起跳的組合動作。雙人跳水團體比賽包括八輪動作，四輪跳板跳水，其中兩輪難度係數為 2.0，另外二輪為無難度限制係數；四輪跳臺跳水，其中兩輪難度係數為 2.0，另外兩輪為無難度限制係數。在跳板、跳臺的各四輪比賽中，至少有一輪動作是兩人同時向前起跳，一輪動作是兩人同時向後起跳，一輪動作是一個人向前起跳和一個人向後起跳的組合動作。從 2000 年第 27 屆奧運會起，雙人跳水被列為比賽項目，設男子 3 公尺跳板雙人跳水、10 公尺跳臺雙人跳水，女子 3 公尺跳板雙人跳水、10 公尺跳臺雙人跳水四個項目，共八個隊參加比賽。

▶ 非競賽性跳水

非競賽性跳水可分為實用性跳水、娛樂性跳水和表演跳水三類。以生產、軍事、救護為目的而進行的跳水活動稱為實用性跳水；以娛樂、健身為目的而進行的跳水活動稱為娛樂性跳水；表演性跳水通常是在盛大節日或跳水比賽結束後所舉辦的跳水表演。表演項目包括花式跳水、特技跳水、滑稽跳水等。

冰雪運動

冰雪運動

　　冰上競技運動項目包括競速滑冰、短道競速滑冰、花式滑冰、冰球、雪撬運動，以及冰車、冰壺等項目。

　　雪上競技運動項目主要包括單板滑雪、雙板滑雪、自由式滑雪，高山滑雪、越野滑雪、跳臺滑雪、飛雪、花式滑雪、特技滑雪、雪上芭蕾、技巧速降、帶翅滑雪、多項滑雪、森林滑雪等現代滑雪項目。

競速滑冰

競速滑冰，是冰雪運動中歷史最悠久、開拓最廣泛的體育項目之一。

滑冰運動的發展，從滑冰工具的演化中可以看得出來。10世紀出現了用骨製的冰刀；到 1250 年左右，荷蘭盛行釘在木板上的鐵製冰刀，人們將冰刀綁在鞋上，在冰面上滑行；17 世紀，鐵製冰刀有了改進，有人發明了管式鐵製冰刀，使競速滑冰運動有了更大的提高。

國際性的競速滑冰比賽始於 19 世紀末。1889 年，在荷蘭的阿姆斯特丹舉行了第一屆國際競速滑冰比賽，有荷蘭、挪威等 13 個國家參加。1892 年，成立了國際滑冰聯盟，負責組織競速滑冰和花式滑冰，並規定每年舉行一次世界男子競速滑冰錦標賽。1936 年，舉辦了第一屆世界女子競速滑冰錦標賽。1924 年，第一屆冬季奧運會舉辦，僅有男子競速滑冰比賽項目；1960 年，增加了女子競速滑冰比賽項目。

▶ 競速滑冰的場地和器材

競速滑冰競賽的競賽跑道最大周長為 400 公尺，最小為 333.33 公尺，內彎道半徑不能小於 25 公尺或大於 26 公尺，每條跑道寬 5 公尺，最窄 4 公尺。短跑道競速滑冰跑道周長 111.12 公尺，內彎道半徑 8.25 公尺，直道長 128.07 公尺。

比賽要求競速滑冰運動員穿尼龍緊身全連服（衣、褲、帽、襪、手套連在一起）。由於尼龍服保溫不好，在溫度較低的氣

候條件下，運動員還需穿貼身的棉毛內衣；男運動員還要穿三角褲或護身。天氣嚴寒時，則應在膝、胸等部位墊上防風紙或其他物品。做準備活動時，冰鞋要套上保溫較好的鞋套，以防腳凍傷。

競速滑冰的冰刀刀長刃窄，是用滑度好、耐磨、硬度適宜的輕合金材料製成的；冰鞋由優質厚牛皮縫成；冰刀刀刃厚薄要均勻，兩刀刃高度要相同，刀刃要筆直，不能凸凹不平。冰刀與鞋號相同或比鞋大一號，鞋穿在腳上要舒適、貼腳，又不能太緊。刀尖比鞋尖要長 8～9 公分，刀跟比鞋跟長 5～6 公分，左腳刀刃與鞋的縱向中線吻合，右腳刀尖稍偏左。

▶ **競賽規則**

比賽時，運動員必須按逆時針方向滑跑。內道起跑的運動員，滑行到換道區時應換到外道滑跑；外道運動員要換到內道。

在換道區爭道時，內彎道運動員要主動讓道。起跑時，在「各就各位」口令下達後，運動員要在起跑線與預備線之間靜止站好；「預備」口令下達後，立即做好起跑姿勢，鳴槍前不准活動，保持靜止，槍響後即起跑。在彎道滑跑中，冰刀不准切入雪線。兩名以上運動員在同一條跑道滑跑時，後面運動員必須與前面運動員相距 5 公尺之外，在不影響前面選手正常滑跑情況下，可以超越。

運動員的冰刀觸及終點線才算到達終點。運動員在比賽中由非自身的原因而影響正常滑跑或摔倒時，經裁判長允許，可

以休息 30 分鐘後，重新參加該項比賽。但如因冰場不潔或冰刀損壞，則不能重新比賽。

全能冠軍應是取得三個以上單項第一的運動員。如果無人達到這一要求，以四項得分之和最優者（時間最少）為全能冠軍。獲得三個單項第一名，但有一項被取消比賽資格或因個人原因未滑完第四個項目的運動員，不能獲得全能冠軍，也不能計全能名次。

▶ 全能得分規定

500 公尺成績的秒數就是該項所得分數；1,000 公尺成績的 1/2 數字就是該項的得分數；1,500 公尺成績的 1/3 數字就是該項的得分數；3,000 公尺成績的 1/6 數字就是該項的得分數；5,000 公尺成績的 1/10 數字就是該項的得分數；10,000 公尺成績的 1/20 數字就是該項的得分數，總分數只計算到小數點後三位。如遇幾名選手的總分差別微小，應考慮到小數點後四位。

▶ 競速滑冰的競賽項目

世界錦標賽的競賽項目：男子 500、1,500、5,000、10,000 公尺；女子 500、1,000、1,500、3,000 公尺；

世界男女短距離錦標賽競賽項目：500、1,000 公尺；

世界青少年競速滑冰錦標賽競賽項目：男子 500、1,500、3,000、5,000；女子 500、1,000、1,500、3,000 公尺；

冬季奧運會競賽項目：男子 500、1,000、1,500、5,000、10,000 公尺；女子為 500、1,000、1,500、3,000 公尺。

短道競速滑冰

　　短道競速滑冰，又稱「短跑道競速滑冰」或「快速滑冰」，是一項類似田徑的賽跑運動，也是一項在冬季奧運中非常流行的比賽項目。

　　短道競速滑冰源於 19 世紀下半葉的加拿大。1889 年，世界上首屆世界短道競速滑冰錦標賽舉辦。到 1900 年，短道競速滑冰已成為北美洲的一項熱門冬季運動。加拿大在 1905 年第一次舉行全國短道競速滑冰錦標賽；美國從 1921 年開始，與加拿大一起舉辦短道競速滑冰的比賽。直到 1921 年，每年舉辦的短道競速滑冰國際錦標賽成為了短道競速滑冰中的一項大賽。

　　1975 年，國際滑冰聯盟成立了競速滑冰技術委員會，制定了競速滑冰的統一規則。一年後，國際滑冰聯盟在美國的伊利諾州舉辦了國際短道競速滑冰賽。從 1981 年開始，世界短道競速滑冰錦標賽於法國正式展開。到了加拿大卡加利冬季奧運中，短道競速滑冰被列入表演項目，四年後在 1992 年冬季奧運中成為正式的比賽項目。現在，短道競速滑冰共有八個小項。

▶ 比賽規則

　　短道競速滑冰以名次論勝負，賽制採用淘汰制。首先小組預賽，前 2～3 名進入下一輪，即複賽；以此類推，複賽每個小組的前 2～3 名進入半決賽，半決賽的前 2～3 名進入決賽。通常來說，500 公尺、1,000 公尺、1,500 公尺的決賽只有四人，3,000 公尺決賽則可能多達六人。

運動員在一條起跑線上同時起跑出發，站位透過抽籤決定。比賽途中在不違犯規則的前提下，運動員可以隨時超越對手。場地周長 111.12 公尺，直道寬不小於 7 公尺，彎道半徑 8 公尺，直道長 28.85 公尺。場地兩端弧形彎道處擺放黑色橡膠塊，作為標誌線，運動員不得滑入標誌線內。直道區則沒有標誌線，可以任意滑行。

▶ 短道競速滑冰和競速滑冰的區別

競速滑冰，比賽在周長 400 公尺的跑道上進行，選手按逆時針方向滑行；跑道由兩條直線和兩條 180° 的弧線連接而成，分內、外兩道，道寬 5 公尺。內跑道的內圈半徑為 25 公尺，外跑道的內圈半徑為 30 公尺。所有比賽都是兩名選手同時進行，選手按能力分組進行隨機抽籤，每組兩人，同時滑跑，用時最少者獲勝。每滑一圈交換一次內、外道。

短道競速滑冰比賽場地面積為 30 公尺 ×60 公尺，跑道每圈周長 111.12 公尺。比賽採用分組預賽、次賽、複賽、決賽的淘汰制，抽籤決定道次。比賽出發時，多名運動員在一條起跑線上同時起跑，滑行過程可以隨時超越對手。運動員必須戴防護頭盔和防護手套，身穿防切割服參加比賽。

花式滑冰

花式滑冰是一項冬季奧運會比賽項目，這項運動結合了體育運動的力量、技巧，以及舞蹈動作的藝術性。運動員透過冰

刀在冰面上劃出圖形，並表演跳躍、旋轉等高難度動作。花式滑冰的裁判會按照動作的水準與藝術性表現進行綜合評分，最高為 6 分。當運動員完成指定動作後，可在法定時間做出長曲項目動作。

　　花式滑冰大約於 18 世紀中期以體育運動的形式出現於英國，並於一個世紀後陸續流行於歐美各國。國際滑冰總會（ISU）於 1892 年在瑞士正式成立，並制定了該項目的比賽規則，例如：比賽場地至少要長 56 公尺、寬 26 公尺，冰的厚度不可少於 3 公分。

　　國際滑冰總會規定，每年舉行一次歐洲花式滑冰錦標賽以及世界錦標賽等賽事。此後，在 1924 年，花式滑冰被列為冬奧會正式比賽項目。

▶ 花式滑冰的樣式

　　花式滑冰項目可以分為四個小項，分別為單人滑、雙人滑、冰上舞蹈與集體滑。冬季奧運會中只設單人滑、雙人滑和冰上舞蹈三個項，單人滑再分為男子項目以及女子項目；而雙人滑項目與冰上舞蹈都是由一男一女所組成，因此，冬季奧運會的花式滑冰共有四個小項。

1. 單人滑：奧運上單人滑分為男子項目以及女子項目，在評分上沒有很大分別，都是依據運動員的動作難度、種類、乾淨俐落程度、優美度以及速度進行評分。比賽分為短曲項目和長曲項目，與雙人滑一樣，都是首天進行短曲項目，第二天為長曲項目。

2. 雙人滑：雙人滑與單人滑相同，都包括短曲項目和長曲項目，而較特別的是雙人滑需要由一男一女所組成。比賽是按雙人短曲項目和雙人長曲項目順序進行。第一天的賽事為雙人短曲項目，次天是雙人長曲項目，雙人短曲項目得分占總得分的 1/3，長曲項目得分占 2/3。

3. 冰上舞蹈：冰上舞蹈起源於花式滑冰，它偏重於舞蹈，強調以動作來表達音樂，必須由一男一女組成。冰上舞蹈的比賽是按照規定舞蹈、創編舞蹈和自由舞蹈順序進行。規定舞蹈的動作得占總得分的三成，國際滑聯技術委員會每年會公布包括一個華爾滋舞在內的四個規定舞蹈。在比賽前夕會以抽籤決定運動員需跳的兩個規定舞蹈。

小知識 —— 花式滑冰和競速滑冰冰刀的區別

競速滑冰冰刀也叫跑刀，競速滑冰冰刀的刃是平的；而花式冰刀的刃是帶弧度的，並且中間有凹槽，帶弧度的刃可以使轉動更靈活。花式滑冰冰刀前面有鋸齒，鞋有高綁，容易站立，刀高而短；競速滑冰冰刀沒鋸齒、沒高綁、不易站立、刀矮而長。

競速滑冰冰刀走直線，速度快，轉彎弧度大且要踏步（倒腳）；花式滑冰冰刀轉彎方便，轉動靈活，不適合走直線。

競速滑冰冰刀的使用容易、方便；而花式滑冰冰刀相對比較麻煩，一般需要專業人員協助。

滑雪

　　滑雪是指利用滑雪板在雪地滑行的一種體育運動。滑雪和滑冰、滑水有相似之處，但是滑的表面不同。單板滑雪起源於衝浪運動，雖然也列入滑雪運動，但不是嚴格意義上的滑雪。

　　滑雪運動起源並發展於斯堪地納維亞國家。在世界滑雪運動中，居領先地位的國家有斯堪地納維亞國家，如挪威、瑞典、芬蘭，西歐的阿爾卑斯山脈周圍的國家，法國、義大利、奧地利、德國和瑞典以及美國俄羅斯等。一般說來，斯堪地納維亞國家在北歐滑雪項目上占優勢，阿爾卑斯山脈國家在高山滑雪項目上占優勢。

▶ 滑雪的分類

　　滑雪可以分成兩大類：北歐滑雪和高山滑雪。北歐滑雪起源於斯堪地納維亞地區的滑雪，北歐風格的滑雪板上的皮靴固定裝置在滑雪靴的足尖，而不是後跟。高山滑雪起源於阿爾卑斯山地區的滑雪，滑雪靴的足尖和後跟都有皮靴固定裝置。雖然某些運動同時適合兩種運動，但固定裝置和起源的不同將這兩種類型區分開來。

　　滑雪運動（特別是現代競技滑雪）發展至今，項目在不斷增多，領域在不斷擴展，目前世界比賽正規的大項目有高山滑雪、北歐滑雪（越野滑雪、跳臺滑雪）、自由式滑雪、冬季兩項滑雪、雪上滑板滑雪等。

單板滑雪

單板滑雪是冬季比賽項目，設有男、女子項目。

單板滑雪起源於 1960 年代初的美國，當時，有一位美國父親把兩塊滑雪板綁在一起，偶然中發明了由雙腳踩在同一塊滑雪板的「新式滑雪板」。這種滑雪方式雖然最初被視為「另類運動」，但短短一年內就流行於全國，並且傳播至歐洲各國。在世界各地這種「另類運動」演變成不同的運動。1980 年代，單板滑雪風靡起來，並相繼出現了各地區性、國際性的比賽。

國際單板滑雪總會在 1990 年成立，1994 年國際滑雪總會確定單板滑雪為正式的冬季運動之一，並在長野冬季奧運中將其列為正式比賽項目。

▶ 冬奧會中的單板滑雪

1. 半管賽：單板滑雪中的半管賽小項分為男、女子個人小項，比賽場地是在雪地中挖出一段凹陷的壕溝作為滑道，深度 3～4 公尺、長度是 110 公尺，兩側呈 85° 傾斜。運動員要利用下滑時的速度，在凹陷的壕溝做出一些指定的動作，如跳躍、翻滾等，5 位裁判會依據運動員動作的「純熟度」和「難度」做出評分。

2. 平行大曲道：平行大曲道是單板滑雪的另一個小項，平行大曲道小項採取一對一比賽制，以提高比賽的刺激性。比賽所用的賽道與高山滑雪相同。運動員要進行多場的比賽，首場是資格賽，以一對一的比賽形式進行。

▶ 競賽規則

單板滑雪由雪上技巧和空中技巧構成。雪上技巧包括回轉、大回轉、平行回轉、平行大回轉以及多人雪道障礙賽。

平行回轉和平行大回轉為兩人一組同時出發,滑行兩次,第二次滑行時交換線路。比賽採用淘汰法,兩次滑行成績相加,獲勝者進行下一輪比賽。決賽兩人一組,按 9 ～ 16 名由後向前同 1 ～ 8 名相對排列。

多人雪道障礙賽為 4 ～ 6 人,比賽採用 50％淘汰,勝者參加下一輪比賽。

U 型池場地為 U 形滑道,長 120 公尺,寬 15 公尺,深 3.5 公尺,平均坡度為 18°。比賽時運動員在 U 形滑道內,邊滑行邊伴隨音樂旋律做各種旋轉和跳躍動作,動作一般為 5 ～ 8 個造型。

▶ 計分標準

平行大回轉以滑行速度來評定名次,將選手兩次預賽後的成績相加進行排名,前 16 位選手參加決賽。正式比賽時,抽籤決定每組隊員的組成,兩人一組,在平行賽道上進行兩次預賽。在第一次比賽中,落後的選手需延遲出發,延遲時間為第一次比賽落後的時間,第二次比賽中率先抵達終點的選手取勝。

U 型池比賽中,5 位裁判根據選手動作難度和效果進行評分,每人所得的分數最高不得超過 10 分,五個得分之和為選手本輪比賽的得分。此項共兩輪預選賽,首輪預選賽前六名選手

直接進入決賽。其餘選手再參加第二輪預選賽，前六名選手有權進入決賽。最後十二名選手進行決賽，決賽也包括兩輪，根據兩輪決賽中的最好成績排定最後的名次。

自由式滑雪

　　自由式滑雪是眾多冬季運動之中歷史最短的，起源於 1960 年代的美國。後來自由式滑雪普及全國，1971 年新罕布夏州舉辦了世界上第一場正式的自由式滑雪比賽，當時的自由式滑雪以空中技巧賽為主流。

　　1979 年，國際滑雪總會正式承認並接納自由式滑雪為一項正式的冬季運動。後來，國際滑雪總會為制定了有關自由式滑雪的飛行動作和保護裝備的條文。1986 年世界錦標賽在法國舉行，當時的比賽項目分為雪上技巧、空中技巧和雪上芭蕾三項。

　　在卡加利冬季奧運會上，自由式滑雪成為表演項目。自此後，自由式滑雪普及世界各地。1992 年，自由式滑雪正式成為冬季奧運的比賽項目之一，但當時只設有雪上技巧項目。挪威利樂漢瑪冬季奧運上，空中技巧項目也成了自由式滑雪中的一個小項，而雪上芭蕾只在 1988 年冬季奧運、1992 年兩屆中作為表演項目，一直未成為自由式滑雪的其中一項。

▶ 冬奧會中的自由式滑雪

　　自由式滑雪共設四個小項，分別為男子個人雪上技巧、男子個人空中技巧、女子個人雪上技巧以及女子個人空中技巧。

1. 雪上技巧：雪上技巧運動員要在一個長 200 ～ 270 公尺、寬度為 15 ～ 25 公尺、坡度 24º ～ 32º、且布滿小丘的比賽場地滑行。運動員要在比賽中做出至少兩次的跳躍或身體轉體動作，裁判會按照運動員在比賽過程做出動作的「時間長短」、「速度」、「內容」、「準確度」等給予評分，並把運動員到達終點的時間相加，得到分數。數字越大，排名越高。其中，男子運動員所使用的滑雪板下限為 1.9 公尺，女子運動員的滑雪板則不得少於 1.8 公尺。

2. 空中技巧：空中技巧的運動員與雪上技巧運動員一樣，都是在比賽中最少跳躍兩次。男子運動員所用滑雪板不得短於 1.9 公尺，而女子運動員的滑雪板不得短於 1.8 公尺。當中，運動員要在 4 公尺高的跳臺上進行 2 次不同技巧的跳躍，裁判會從「起跳高度」、「翻轉動作難度」、「姿勢」、「落地穩定性」等方面評分，並把每一次跳躍的得分乘以動作難度係數，最後兩次的分數相加，得到總分，最高分者則為勝利者。

高山滑雪

　　高山滑雪是一項在高山上進行的冬季運動項目，其中設有十個小項，都為個人賽。比賽時，運動員需穿上有襯墊的運動服，並在心口的位置佩戴號碼布、戴好保護斋、穿上滑雪板、滑雪杖並使用「脫離式固定器」。

　　高山滑雪是由北極圈中生活的挪威人發明的，他們在西元前 3,000 年就借助滑雪技術打獵，後來高山滑雪運動傳至北歐與俄羅斯等地。1850 年代，高山滑雪普及至歐、美等地。從此為後，高山滑雪就流行起來。

　　現代的高山滑雪是 1922 年由一位英國人於瑞士創立的，於德國加米施 - 帕滕基興冬季奧運中被列入比賽項目，當時只有男子和女子個人的混合式滑雪兩個小項，之後第六屆冬季奧運中加入大曲道小項，同時把混合式滑雪列出比賽之小項；在 1988年的加拿大卡加利冬季奧運中再次被加入為高山滑雪的小項之一，並且新增了超級大曲道。

▶ 冬奧會中的高山滑雪

　　高山滑雪在 1936 年冬季奧運正式成為比賽項目，共有十個小項，當中包括男子滑降賽、男子曲道、男子大曲道、男子超級大曲道和男子混合式滑雪，以及女子滑降賽、女子曲道、女子大曲道、女子超級大曲道和女子混合式滑雪。

1. 曲道賽：高山滑雪中的曲道賽小項設男子和女子個人賽，運動員要在兩個不同的滑道中滑行兩次。從高處（起點）向下滑，在滑行中運動員要經過多個高約 0.75 公尺、寬 4 ～ 6 公尺的旗門。男子賽中的旗門多達 55 ～ 75 個，而女子運動員要經過 40 ～ 60 個旗門。旗門多由紅色和藍色組成，運動員要交替穿插每個旗門。若運動員不經過任何一個的旗門，則會被判為「失格」。

2. 大曲道：大曲道的難度比曲道賽高。大曲道男子運動員要滑行 350 ～ 400 公尺，女子 260 ～ 350 公尺，兩人旗門距離不到 10 公尺。而大曲道賽與曲道賽一樣，都是進行兩輪滑行，而不同的是兩次滑行都是在同一場地進行。但要注意的是旗門必須要重新安置。

3. 超級大曲道：在超級大曲道方面，運動員在每次比賽時扣分不可多於 120 分，比賽場地的寬度下限是 30 公尺。它是一項「滑降賽的速度」與「大曲道所用的技術」結合的比賽。當中，男子運動員要滑行 500 ～ 650 公尺，經過最少 35 個旗門；而女子運動員要滑行 350 ～ 500 公尺，經過最少 30 個旗門。每位運動員只需要滑行一次，便得出成績，所用時間愈少，成績愈好。

4. 滑降賽／落山賽：滑降賽是一個高山滑雪的小項，其中男子運動員起點及終點海拔差距為 800 ～ 1,000 公尺，女子運動員差距為 500 ～ 700 公尺，並且經過多個密集而又容易讓運動員出錯的旗門（兩個旗標中間）扣分不可多於 120 分。由於距離只是數公里的關係，加上滑行速度可超過 100 公里。因此，男子運動員在 2 分鐘以內就能完成，而女子運動員的成績為 1 分 40 秒左右。

5. 混合式滑雪賽：混合式滑雪是一個難度極高的小項，運動員先要進行滑降賽，之後再進行兩個的曲道賽，時間越短的名次越高。男子運動員要滑行 1,080 ～ 1,440 公尺，而女子運

動員則要滑行 740 ～ 1,060 公尺，最快到達終點的運動員
為金牌得主。

越野滑雪

越野滑雪是一項講求體能和技術的冬季運動，運動員要滑
雪繞過布滿雪的山地。挪威、義大利與俄羅斯等國都是該項目
的強國。

越野滑雪起源於北歐，當地的維京人從 10 世紀時就在山野
中將滑雪作為運輸之用，這可能是人類最早將器具用作運輸的
例子。後來在 1924 年，國際滑雪總會在法國正式成立，越野滑
雪也於同一年被列入冬季奧運的比賽項目。當的冬季奧運的越
野滑雪項目中只設有男子 15 公里和 50 公里的小項。到了挪威
奧斯陸冬季奧運，女子越野滑雪項目也成為了正式的比賽項目
之一，直至今時。

▶ 冬奧會中的越野滑雪

越野滑雪於第一屆冬季奧運成為正式的比賽項目後，直至
今時，設有男子與女子項目，當中分為傳統式、自由式、競速、
混合追逐以及接力賽，最先到達終點的為優勝者。

1. 傳統式：越野滑雪中的傳統式共分為男子個人 15 公里、個
   人 50 公里與女子個人 10 公里和個人 30 公里四個小項。比
   賽過程中，運動員不可以使用蹬冰技術滑行，只允許使用

「交替滑行」、「雙杖推撐滑行」、「無滑行階段的八字踏步」、「滑降」和「轉彎技術」。

2. 自由式：在自由式方面，設有男子個人 30 公里、女子個人 15 公里兩個小項，比賽對滑雪方式沒有限制。

3. 競速賽：競速賽是眾多越野滑雪小項中所需要的滑行距離最短的，不論是男子個人賽或是女子個人賽，運動員都只需滑行 1.5 公里。而越野滑雪的競速賽小項是以自由式滑雪。

4. 混合追逐賽：在混合追逐賽中，運動員以傳統式和自由式進行。女子比賽中，運動員需滑行 10 公里，首 5 公里要以傳統式進行，到達傳統式的終點後，運動員就會開始在之後的 5 公里則以自由式作賽；而男子項目中，運動員同樣先是傳統式，再是自由式，但比女子項目滑行較長，男子運動員共要滑行 20 公里，首 10 公里要以傳統式進行，之後的 10 公里以自由式滑行。

5. 接力賽：接力賽中，不管是男子還是女子，都是每隊四人，前兩位運動員要以傳統式作賽，後兩位的運動員則以自由式滑行。當中，女子項目滑行距離為每位 5 公里，即 20 公里；男子為每位滑行 10 公里，即全長 40 公里。先到達終點者為勝。

跳臺滑雪

跳臺滑雪是一項在跳臺上進行的冬季運動項目。它要求運動員借助速度和彈跳力沿跳臺下滑，躍入空中，在空中飛行一段時間後，落在地上。

跳臺滑雪與不少冬季運動一樣，都是源於北歐的挪威。有關它的起源有三種說法：第一個說法是跳臺滑雪的前身是一種刑罰，古時候人們把犯人從雪山推下，使犯人從斷崖中飛向半空，最後摔死；第二個說法是有一位挪威運動員在 1860 年以同樣的方法滑行，並成功著陸，這就是跳臺滑雪的鼻祖；最後一個說法是，有兩位挪威農民於奧斯陸中的全國滑雪比賽中表演了跳臺飛躍的動作，後來在當時政府的推廣下，成為一項熱門的冬季運動。

跳臺滑雪逐漸普及，在第一屆冬季奧運成為正式的比賽項目，只設男子個人和團體項目，直到現在。

▶ 冬奧會中的跳臺滑雪

跳臺滑雪在 1924 年被列為冬季奧運的正式比賽項目。在 1964 年冬季奧運前，跳臺滑雪的高度未被統一，每屆的跳臺高度也有所不同。在此之後，跳臺的高度得到統一，共有三個級別，分別為 70 公尺、90 公尺與 120 公尺三種高度，同時規定了跳臺助滑道的坡度為 35º ～ 40º，長度為 80 ～ 100 公尺左右。現今冬季奧運中的跳臺滑雪小項包括了個人 70 公尺、個人 90 公尺與團體 120 公尺。

1. **個人賽**：跳臺滑雪的個人項目分為個人 70 公尺以及個人 90 公尺。每位運動員需要跳兩次，裁判會按照距離和姿勢作出評分，分別為「距離分」和「姿勢分」，以運動員兩次的得分排名，分數愈高，排名愈高。

2. **團體賽**：在團體賽方面，每隊都有四位運動員，而每位運動員都需要跳兩次，一隊中共跳八次。將八位運動員的「距離分」和「姿勢分」相加，得分最高的一隊為優勝隊伍。其「距離分」和「姿勢分」的計算方法與個人賽的計分方式相同。

 戶外運動

戶外運動

　　戶外運動是一種參與者透過自身努力而使自己的身心得到鍛鍊，同時貼近自然、感受自然的運動；也是適合人們在假日休閒的活動。

　　戶外運動可以鍛鍊身體、磨練自身意志，也可以在此過程中結交朋友。而在進行戶外運動時，必須注意安全，通常在戶外活動時發生意外的機率比在室內大，所以從事戶外運動前必須事先做好準備。

徒步

徒步,亦稱遠足、行山或健行,並不是通常意義上的散步,也不是體育競賽中的競走,而是指有目的地在城市的郊區、農村或者山野間進行中長距離的走路鍛鍊,徒步也是戶外運動中最為典型和最為普遍的一種。由於短距離徒步活動比較簡單,不需要講究技巧和裝備,經常也被認為是一種休閒活動。

▶ 徒步的分類

根據穿越區域的不同,徒步可以分為城郊、鄉村、山地、叢林、沙漠荒原、雪原冰川、峽谷、平原、山嶺、長城、古道、草地、環湖、江河等很多分類徒步。但是,徒步在大多數情況下是在城郊和鄉村進行的。

根據距離的不同,15公里內的稱為短距離徒步,15～30公里的稱為中距離徒步,30公里以上的稱為長距離徒步。

▶ 裝備配置

必備用品包括背包、快乾衣褲或長袖(注意防曬)、健走鞋、防晒品、帽子或墨鏡;以及個人藥品,如止血貼、胃藥或個別特效藥物,防蚊藥;此外還有食品和飲用水。

▶ 徒步的技巧

在進行中長距離徒步活動時,通常需要穿專門的健走鞋以保護腳底,部分強調體能訓練的徒步活動還要求負重10～15公斤。徒步愛好者和其他戶外運動愛好者一樣,也被稱為「背包客」。

露營

　　露營是一項休閒活動。露營者通常攜帶帳篷，離開城市在野外紮營，度過一個或者多個夜晚。露營通常和其他活動共同進行，如徒步、釣魚或者游泳等。

▶ 露營的分類

　　露營基本可以分為三種形式，分別是常規露營、拖車露營和特殊形式露營。

　　常規露營是指露營者徒步或駕駛車輛到達露營地點，通常在山谷、湖畔、海邊，露營者可以生火，可以燒烤、野炊或者唱歌，這也是最平常的露營活動。經常進行這樣活動的旅行者，和其他戶外運動愛好者一樣，被稱為背包客。

　　拖車露營是指駕駛一種特殊的旅行車輛（又稱為露營車）到野外露營。這樣的拖車如同房子一般，有提供暖氣或者冷氣設備，也有電力供應，甚至有廚房，這樣的露營者通常不被稱為背包客。

　　特殊形式露營是指在特殊活動中的露營，比如長距離攀岩。長距離攀岩可能需要幾天的時間，為了休息，露營者會將帳篷掛在懸崖邊露營，這樣的露營是非常危險而又刺激的。

▶ 露營的裝備

1. 帳篷：以結構穩定、重量輕、抗風、防雨性能較強的雙層帳篷為佳。

2. 睡袋：羽絨或鵝絨睡袋輕便，保暖效果好，但前提是必須保持乾燥，環境條件較潮濕時，人造真空棉睡袋是更好的選擇。

3. 背包：背包構架應符合自己的身體結構，並有結實而舒適的腰帶。

4. 生火用具：打火機、火柴、蠟燭、放大鏡。

5. 野炊用具：水壺、多功能野炊鍋、鋒利的多功能折刀（瑞士刀）、餐具。

6. 專用工具：指南針、地圖、繩索、折疊鍬、手電筒、針線、魚鉤魚線、砍刀、照相機。

7. 水和食品：熱量大的肉類、糖類、脂類、鹽。

8. 救生箱：解毒劑、消粉、感冒藥、腹瀉藥、雲南白藥、鎮痛藥、紗布、膠帶、繃帶。

9. 露營車：較豪華的露營車有一切露營所需的物品並且居住。

▶ 地點的選擇

露營需要使用帳篷時，這就要選擇適當的營地。一般不要在距山體過近的地方露營，防止雨天落石、洪水；不要距河邊過近，以免漲潮沖了帳篷；雨天不要在大樹下紮營，防止遭雷擊。紮營前，要先將地面的碎石及尖利的荊棘清理乾淨，以免刺破帳篷或睡得不舒適；不要在斜坡上紮營，帳篷門要面向背風的一面。

登山

　　登山是指在特定要求下，運動員徒手或使用專門裝備，從低海拔地形向高海拔山峰進行攀登的一項體育活動。

　　登山運動始於 1780 年代。1786 年 8 月 8 日，法國醫生巴卡羅與石匠巴爾瑪結伴第一次登上阿爾卑斯山的最高峰白朗峰（海拔 4,807 公尺）；次年，由青年科學家德・索敘爾（Horace-Bénédict de Saussure）率領的 19 人登山隊再度登上白朗峰，登山運動從此延生。因為此項運動首先從阿爾卑斯山區開始，故也稱為「阿爾卑斯運動」。

　　登山運動可分為登山探險（也稱高山探險）、競技攀登（包括攀岩、攀冰等）和健身性登山。

▶ 登山的技巧

1. 做好健身準備：如果將攀登的山比較高或者平時較少參加攀登運動，那麼，在登山之前做一些熱身運動是很必要的。即利用 10 ～ 20 分鐘做一些肌肉伸展運動，盡量放鬆全身肌肉，這樣攀登時會覺得輕鬆許多。

2. 增加彈跳動作：向上攀登時，每一步中都要有意識地增添一些彈跳動作，這樣不僅省力，還會使人顯得精神，充滿活力。

3. 別總往高處看：登山時不要總往高處看，尤其是登山之初，因為雙腿還沒有習慣攀登動作，向上看容易使人產生一種疲

憊感。一般來說，向上攀登時，目光保留在自己前方三五公
尺處最好。如果山路比較陡峭，則可作「Z」字形攀登，這
樣比較省力。

4. 轉移注意力：登山時千萬不要總是想著山有多高，爬上去還
   需多少時間之類的事情。不慌不忙，走走停停才能體會到爬
   山的樂趣，也不會錯過美麗的風景。

5. 下山要放鬆：下山一定要控制住自己的腳步，切不可衝得太
   快，這樣很容易受傷。同時，注意放鬆膝蓋部位的肌肉，繃
   得太緊會對腿部關節產生較大的壓力，使肌肉疲勞。

▶ 登山運動裝備

登山設備要適應環境條件，在設計、選材、用料、製作上要
盡量使其輕便、堅固、高效，並能一物多用。運動員在高山上活
動，無論是技術的運用還是戰術的實施，都是在特定的裝備器
材的輔助下進行的。高山裝備大體分為禦寒裝備、露營裝備、技
術裝備和保障裝備幾類。

攀岩

攀岩是從登山衍生出來的一項運動。在約 1970 年前，攀岩
一直附屬於登山運動，目的只是為了克服登山過程中的困難。
直到 70 年之後，在法國，攀岩才真正變成一項獨立的運動。

▶ 攀岩的類型

1. 按地點分類

   戶外攀登：在戶外的天然岩壁上攀登；

   室內攀登：在室內人工岩場攀登；

   抱石：不使用繩索，在一定的高度下進行的攀登；

   冰雪攀：利用冰斧（冰鎬）、冰錘、冰爪等冰攀工具，在冰雪地上、結冰的瀑布或是冰牆上進行攀登；

   繩隊攀登：因路線過長，需要多繩距的攀登，常為大岩壁攀登或是冰岩攀登。

2. 依攀登方式分類

   傳統攀登：傳統攀登是由攀登者沿路自行架設保護點的攀岩運動，其目標為完攀。因沿路沒有永久保護點，所以傳統攀登通是沿著裂隙攀爬。

   人工攀登：過程中借助器材，如手抓腳踩繩梯、固定點、保護點，如上升器、繩梯、岩釘、岩槌等人工器材攀爬。但因岩釘對岩牆會造成破壞，在注重環保的現在，一般僅使用岩楔做固定點或確保點。

   徒手攀登：這個名詞是相對於人工攀登而產生的，攀爬時只靠四肢抓踩天然的把手點或踏足點，只是用傳統裝備來架設確保點（並非上升施力之用），而繩子只作為確保安全之用。

   運動攀登：與傳統攀登不同之處是，攀爬路線已預先設置保護點，攀登者並不須自行放置保護點。

   抱石：不利用繩索，在安全的高度（約 6 公尺以下）進行

的攀登。不用繩索，而是使用抱石墊。抱石須與獨攀有所區別。獨攀屬危險性極高的攀岩運動。

▶ **攀岩競賽**

1. 難度賽：通常在高 15 公尺以上的人工岩牆上舉行，比賽採取 On-Sight 先鋒攀登，比賽前選手有約 6 分鐘的時間觀察路線，觀察後回到隔離區，再依次出場。每名選手僅有一次攀登機會，且不得觀看別人比賽。時間 6 ～ 8 分鐘不等，最後依攀爬高度來計算成績。

2. 速度賽：速度賽的路線比難度賽簡單許多。在無失誤的狀況下，每名選手皆能完攀，考驗的是選手攀爬的速度。

3. 抱石賽：與難度賽類似。抱石賽是在安全高度下的岩場進行，以安全護墊為確保。在確定時間內不限攀登次數，每場約有 4 ～ 8 條路線，每條路線皆有中繼點與完攀點，比賽成績以完攀（須通過中繼點）與抓到中繼點的數量和攀爬次數來評斷。

▶ **攀岩的分級**

1. 人工攀登：目前大家都使用同一種系統，但有很多種詮釋。
   A1：所有的固定點都很容易放置而且牢固。
   A2：固定點都還算牢固，但是放置不易。
   A3：固定點放置很難，但是還是可以找到幾個牢固的固定點。
   A4：一排固定點中有好幾個都只能勉強支撐身體的重量，千萬不要有大的墜落。

A5：超過 20 公尺以上的固定點都只能勉強支撐身體的重量而已，墜落就掛了。

2. 抱石：V 難度系統，為約翰‧薛曼創立，難度從 V0 到 V16。

3. 自由攀登：1973 年 Sierra 引進美國 YDS 系統

級數 1：散步。

級數 2：健腳。

級數 3：簡單技巧，有時需用到雙手。

級數 4：手腳並用往上爬，刺激而不危險，不用繩子確保。

級數 5：光是手腳並用還不夠，需要點攀爬技巧，很危險，最好有繩子確保。

級數 6：人工攀登。

▶ **攀岩的裝備**

1. 吊帶（安全帶）：安全吊帶的設計以分散衝擊力、人體舒適、安全為要點，可分為攀登用與多功能用兩種。

2. 攀岩鞋：攀岩鞋最大的特色就是很合腳，是為了讓腳能用腳尖在很小的點上施力，剛開始攀岩的人會不太習慣，會有點痛。設計良好的岩鞋不但能幫助攀岩，也能保護腳。

3. 岩盔：岩盔可保護頭部，防止小落石等東西及墜落時的意外撞擊。

4. 粉袋:將鎂粉置於粉袋中，而粉袋則扣或綁在腰際;鎂粉（碳酸鎂粉）作用是吸收手掌上的汗水，以防止滑落。

5. 快扣組：由兩隻鉤環與一條繩環組，用來連接攀登繩與岩面

上的確保點,確保點可為岩楔。將快扣掛入確保點後,把繩子掛入快扣中,防止攀登者意外墜落。

6. 確保器:確保者用之連接攀登繩,以增加摩擦力以保證攀登者安全。常見的確保器有豬鼻子、八字環、GriGri(制動確保器)。

7. 鉤環:連接安全吊帶與固定點或上攀、下降確保主繩,以不銹鋼或鋁合金為材質,方便單手操作,不同鉤環有不同的承重,一般約為 2,000 公斤左右。

8. 主繩:攀登主繩主要作用是在攀登者意外墜落時保護攀登者。攀登用繩都必須經過 U.I.A.A 或 C.E. 檢驗合格,依使用方法與粗細可分為單繩、雙繩、雙子繩(對繩),或是分為靜態繩與動態繩。先鋒攀登必需使用動態繩。

9. 抱石墊:為了減少戶外抱石的運動傷害所設計的墊子。

溪降

溪降是在懸崖處沿瀑布下降的運動,由於長期被瀑布沖刷的石頭很滑,長滿青苔,再加上溪水對下降者的衝擊,會影響判斷力,所以溪降比普通的岩壁下降更富變化,更有挑戰性。

溪降是一種剛剛興起的戶外休閒活動,在阿爾卑斯山脈地區特別盛行,意思是進入峽谷溪流中去體驗大自然,鍛鍊膽識,磨練意志,迎接挑戰,享受刺激。

約翰・威爾斯・鮑威爾被認為是美國溪降運動的鼻祖，因為他發明了美式的溪降運動。1869 年，這位探險家首次穿越科羅拉多大峽谷中的科羅拉多河，那時他用的是一條小艇。

斯戴芬・霍夫曼是歐洲溪降運動協會的發起人之一，他寫的《溪降運動》（Canyoning）一書是業內的經典著作。他從事這一運動多年，並以此為終身職業。他在法國南部建立了一個溪降運動營地，專門訓練培養溪降運動人才。他還組織了一個專門的俱樂部 —— 活力陣營，不斷挑戰新的溪谷。

▶ 溪降的裝備

由於溪降存在一定的危險性，必須配備一些專業的裝備和保護用品，盡量減少意外的傷害。

1. 鞋：最好是登山鞋，下降、橫移或攀登時比較方便。

2. 手套和護腿：為潛水布質料，除可防寒外，又可免被雜木石頭碰傷、割傷之虞；護腿分長筒和短筒兩種，長筒除護小腿外並可護膝。

3. 安全頭盔：可用輕便的攀岩頭盔或國內的內懸式工程頭盔替代。頭盔對溪降滑落及落石襲擊，有保護頭部免受直接傷害的作用。

4. 著裝：穿伸縮性大的運動褲或游泳衣褲即可。

5. 專業溪降靜力繩：溪降應選擇 50～150 公尺長、直徑 0.9～1.2 公分的溪降專業繩。專業繩由合成纖維製成，具有防水

防凍功能。

6. STOP 單繩下降器：適用於 0.9 ～ 1.2 公分單繩下降，裡面有 2 個小滑輪，繩子纏繞在滑輪之間，制動把手鬆開即停，方便使用者騰出雙手應付緊急事件。

7. 坐式安全帶和鐵鎖：可使用獲得國際品質認證的坐式登山安全帶和鐵鎖。

速降

速降是在教練的指導與保護下，借助場地的自然落差，利用繩索由岩壁頂端下降，到達地面。參與者可以自己掌握下降的速度、落點。雖然並不需要嚴格的專業技巧，但參與者必須克服對高度、速度的恐懼，具備勇往直前、堅持到底的決心。

速降源自高山探險下撤保護技術，也經常用於搶險、運輸和軍事突襲行動中，後來演化成與攀岩、高空彈跳類似的極限戶外運動項目。現在它已分化成岩降、塔降、橋降、溪降等類別。

▶ 速降的基本技術

岩降的基本技術是右手位於右腰後側，握緊繩索就能讓身體停止下降，右手放鬆會在重力作用下勻速下降。上身保持正直，雙腿伸直或微曲蹬在岩壁上，一步步往下移動，除了腳，身體任何部位都不要與岩壁親密接觸。

▶ 速降的裝備配置

岩降的基本裝備包括安全頭盔、安全帶、主鎖、「8」字環、靜力繩、手套等。

1. 安全頭盔：和攀岩等戶外運動一樣，頭盔是必不可少的安全防護裝備，下降途中一塊小小的石塊落下來砸在頭上就可能造成生命危險。

2. 安全帶：速降時使用的是坐式安全帶，由腰帶和綁在兩側大腿根的腿帶構成。穿戴時要注意調整好鬆緊，不然在長時間的下降過程中會很不舒服。另外，繫安全帶時切記打反扣（即帶子繫好後沿反方向穿回）以防途中帶子鬆開脫落。

3. 主鎖：被形象地稱為「大D」，材料非常堅固，主要起連接作用，如連接扁帶、靜力繩，通常連接「8」字環，緩衝人的下墜力。扣緊主鎖時要注意，沿螺紋轉到頭之後要向反方向鬆半圈，這樣做是為了方便打開主鎖，以防受力後鎖死。

4. 「8」字環下降器：最普遍使用的下降器，透過繩子在8字環中穿梭形成的8個點來增大摩擦，控制下降速度。在收放「8」字環時，一定要輕拿輕放，如果環體出現裂紋，哪怕再細小也應立即停止使用。

5. 手套：由於速降的距離長，速度快，「8」字環很容易摩擦發熱，甚至會燙手，加上手握靜力繩放鬆、抓緊控制下降速度，所以一副手套是必不可少的。下降時切記雙手握繩時要遠離「8」字環，以防手套捲進「8」字環發生危險。

6. 靜力繩：繩子主要有動力繩和靜力繩兩大類，其中靜力繩的
   延展性近似 0，不能伸縮吸收衝力，一般被用作路線繩，常
   用於探洞、溯溪等，基本不用於攀登，尤其不能作下方保護
   繩。動力繩能夠伸縮吸收脫落所產生的衝力，為下方保護特
   別製作，在有動力衝墜可能性的項目中，一定要用動力繩，
   如攀岩、登山、高空彈跳等。靜力繩多為白色，即使是彩
   色，也都是單色；動力繩多為花繩，色彩鮮豔。在速降運動
   使用的就是靜力繩。

潛水

　　潛水原指為了進行水下查勘、打撈、修理和水下工程等作業
而在攜帶或不攜帶專業工具的情況下進入水面以下的活動，之
後潛水逐漸發展成為一項以在水下活動為主要內容，以鍛鍊身
體、休閒娛樂為目的的休閒運動，廣受大眾喜愛。

　　早在 2,800 年前美索不達文明全盛時期，阿茲里亞帝國的
軍隊用羊皮袋充氣，由水中攻擊敵軍，這也許就是潛水的老祖
宗了。距今 1,700 年前的中國史書《魏志倭人傳》中，就已經
有關於海邊漁夫在海裡潛水捕魚的場面描寫。到了 1720 年，一
個英國人利用一隻訂做的木桶潛到水下 12 公尺深的地方成功地
進行海底打撈。

　　而今天職業潛水的前身，則要算 160 年前英國的郭蒙貝西
發明的從水上接幫浦運送空氣的機械潛水，也就是頭盔式潛水。

在二次世界大戰期間，開發了一種特殊軍事用的「空氣罩潛水器」，採用密閉循環式，並有空氣瓶裝置。二戰末期，法國開發了開放式「空氣潛水器」，1945 年前後這種潛水器在歐美非常流行。近幾年來由於潛水器材的進步，帶動了潛水運動蓬勃發展，投身於潛水和喜歡潛水運動的人也越來越多。

▶ 潛水裝具

潛水夫下水時穿戴和佩掛的全部裝具，有重裝式和輕裝式兩種。重裝式有頭盔、輸氣管、通信電纜、電話、潛水衣、壓鉛和鉛底潛水鞋等；輕裝式有面罩（也有用輕便頭盔）、輸氣管、通信電纜、電話、應急氣瓶、潛水衣、腰鉛、靴和腳蹼等。

使用重裝潛水裝具在水中工作時必須腳踏水底或實物，或手抓纜索，不能懸浮工作，而且放漂（即在水底因潛水服中氣體過多，失去控制而突然急速上升）的危險性大，所以重裝潛水裝具已逐漸被輕裝式取代。

▶ 潛水的種類

由潛水器分為硬式潛水、軟式潛水、半閉鎖迴路送氣式、應需送氣式、自給氣式；由潛水方式分非飽和潛水、飽和潛水；由呼吸氣體種類分空氣潛水，氮氣、氧氣混合氣體（人工空氣潛水），氦氣、氧氣混合氣體（人工空氣潛水），氫氣、氧氣混合氣體（人工空氣潛水）、其他混合氣體。

衝浪

　　衝浪是一種衝浪者利用衝浪板,乘著海浪,並在浪壁上做出優美或搖滾動作的水上運動,主要使用的設備有衝浪板和繫在腳上的安全繩。

　　衝浪運動出現在 1870 年代末的夏威夷群島海灘。1878 年,一位名叫科克的美國輪船船長在其輪船駛近夏威夷港時,發現四個印地安人騎在一個約 5 公尺長的樹幹上,海浪時而把樹幹沖到峰頂,時而又讓它落入浪谷。科克起初以為他們是落難者,後來一問才知道,他們是在衝浪。這便是最早關於衝浪運動的記載。

　　科克發現這種衝浪遊戲幾十年之後,在獲得 1912 年奧運會游泳冠軍的美國夏威夷人哈哈摩庫的大力提倡下,衝浪運動才在美國的加利福尼亞推廣開來,現在流行於夏威夷、北美、秘魯、澳洲和南非,並且已經有了世界級別的衝浪錦標賽。

▶ 衝浪的器具和方法

　　最初使用的衝浪板長 5 公尺左右,重 50 ～ 60 公斤。第二次世界大戰後,又出現了泡沫塑料板,板的形狀也有改進。

　　現在用的衝浪板長 1.5 ～ 2.7 公尺、寬約 60 公分、厚 7 ～ 10 公分,板輕而平,前後兩端稍窄小,後下方有一起穩定作用的尾鰭。為了增加摩擦力,在板面上還塗有一種蠟質的外膜。全部衝浪板的重量只有 11 ～ 26 公斤。

衝浪運動是運動員先俯臥或跪在衝浪板上，用手划到有適宜海浪的地方當作衝浪的起點。當海浪推動衝浪板滑動時，運動員將衝浪板保持在浪峰的前面，站起身體，兩腿前後自然開立（通常是平衡腿在前，控制腿在後），兩膝微屈，隨波逐浪，快速滑行。

衝浪運動曾創造了許多令人難以置信的奇蹟。1986 年初，兩名法國運動員庇隆和皮夏凡腳踩衝浪板，從非洲西部的塞內加爾出發，橫渡大西洋，2 月下旬到達中美洲的法屬德羅普島，歷時 24 天 12 小時。

野外定向

野外定向（orienteering）又名定向越野，是一種在野外利用地圖和指南針，以不同形式完成一段路程，並在檢查點為控制卡（記錄卡）打上印記的活動。1918 年，瑞典童軍領袖僑蘭特發明了一種「尋寶活動」，訓練童軍在野外辨別方向及體能，這種活動經過不斷發展，成為今天的野外定向。

▶ 野外定向的分類

按照比賽目標的不同，定向可以分為越野式（爭取用最短的時間按循序存取一系列點標）、奪分式（在限定時間內訪問最多的點標，以累計更多的分數）和接力（通常為三棒，以越野式進行比賽）三種。

 戶外運動

近年來，定向越野發展出多種分支，如自行車定向、滑雪定向、沿徑定向等，這幾種乃國際野外定向聯盟（IOF）所認可之國際性比賽項目。另外還有城市定向、獨木舟定向等。

▶ 野外定向的器材

野外定向的檢查點是一個正立方體的支架，除了上下空心之外，四面都貼上野外定向的標記：左上為白色直角三角型，右下為橙紅色直角三角型。支架上還掛有打孔器，以點數表示檢查點的編號。近年來越來越多比賽使用電子打孔器，如 emit 等，運動員只需把電子控制卡放在電子打孔器中即可。

▶ 定向的地圖

內容比普通的遠足地圖更詳細，如很細小的地形特徵，不明顯的小徑、河流等，都會在定向地圖中顯示出來，以提供給運動員更多的資料。由於參加者可能需要越野，所以地圖上會顯示該區的植物狀況，即該區通行的難易程度。而定向的地圖比例較大，等高線間距也較密。一般使用的比例是 1:10,000，長距離賽事使用的比例是 1:15,000 或 1:10,000，等高線間距為 5 公尺；短距離賽事使用的比例是 1:5,000 或更大，等高線間距亦較少。地名、等高線高值等資料大多都不會在地圖上顯示。

生存遊戲

生存遊戲是一種主要透過發射 BB 彈的氣槍、瓦斯槍或是電槍模擬實際戰爭，並進行競技的一種戶外活動。

生存遊戲其實就是模擬戰鬥，其事前的戰略規劃與遊戲中的戰術行動，都和真實的軍事行動十分貼近。簡而言之，除了沒有立即且明顯的生命威脅外，生存遊戲就是一場小型步兵戰鬥。

▶ 生存遊戲的規則

生存遊戲對參加人數沒有限制，玩法規則也十分多樣。然而一般來說，參加者通常會分成兩個陣營進行對抗遊戲。顧名思義，參與者的最主要目的是在遊戲戰場上設法生存，並盡可能殲滅敵方人員。由於 BB 槍不含漆彈，因此不能明顯辨別中彈與否，陣亡判定依賴玩家個人的榮譽感與誠信，自行承認。

▶ 槍支

各個槍隊對槍支的限速均不同，最常見的限速為每秒100公尺（原廠初速）或每秒120公尺（大陸槍的原廠初速）。通常對狙擊槍有特別的要求，較高的射速能有較遠的射程，使用加重彈提高準度。

▶ 遊戲方式

殊死戰：雙方在場上互相射擊，目標就是消滅對方，最後存留下來的一方為勝利者。

攻守戰：通常以多數玩家對上少數玩家防守的據點，攻方必須在一定時間內奪下據點，否則守方獲勝。

奪旗戰：雙方於據點各擁有一面旗了，奪得對方旗幟者為

勝方,或是場上只有一面旗子,先奪得者為勝。

獵山豬:由一位或少數玩家擔任目標,預先進入設定好範圍的場地藏匿,再由大部分玩家進行搜索的「獵殺行動」。通常擔任山豬的玩家不會直接陣亡,或是享有較多的陣亡次數。

重演活動:進行此模式時,通常會有一個明確的主題(如越戰、一戰等),參加重演活動的玩家們也會帶著符合該場戰役的裝備上場,重點並不是為了進行生存遊戲,而是為了重現真實戰役時的氣氛,有些重演活動甚至禁止開槍。

小知識 —— 生存遊戲陣亡規制種類

一發陣亡:只要身體的任何一部分被擊中,即算陣亡,更嚴格的槍隊會連跳彈也視同陣亡。

大部陣亡:又稱「明顯陣亡」。身體軀幹以外的部分(即手腳)被擊中不算陣亡,軀幹被擊中時為陣亡。

主動陣亡:又稱「摳摳樂」,在此遊戲模式下,只有玩家自行喊陣亡時才陣亡,其他方式不會造成陣亡。

泛舟

泛舟是指利用橡皮艇或者竹筏,在時而湍急時而平緩的水流中順流而下的一種戶外運動。為安全起見,泛舟者需要頭戴安全帽、身穿救生衣。

泛舟曾是一種人類的原始涉水方式。泛舟最初起源於因紐特人的皮船,但那時都是為了滿足人們的生活和生存需要。泛

舟在二戰之後逐漸成為一項真正的戶外運動。一些喜歡戶外活動的人嘗試著把退役的充氣橡皮艇作為漂流工具，後來逐漸演變成今天的水上運動。

▶ 泛舟工具

泛舟的河段不同，可選擇的工具也不同。一般來說，橡皮筏的適用範圍最廣，也最普遍、常用；小木船適用於河道較直、少彎道礁石的河段；竹筏則適用於風平浪靜的河段。

▶ 泛舟的技巧

漂流過程中，由於全程跌水區及大落差區很多，不能攜帶怕沾濕的東西，以避免掉落或損壞；戴眼鏡者事先用橡皮筋繫上。必須全程穿救生衣，防止意外翻艇。在漂流的過程中需注意沿途的箭頭及標語，可以提早警覺跌水區。在穿過急流時，要抓住艇身內側的扶手帶，坐在後面的人身子略向後傾，雙人確保艇身平衡並與河道平行，順流而下。當橡皮艇卡住時不能著急站起，應穩住艇身，找好落腳點後才能站起。

輕艇

輕艇（canoeing）是一項歷史悠久而刺激的水上體育運動。輕艇和賽艇是兩個不同的比賽項目。

輕艇的前身是早期人類的生存和交通工具獨木舟。輕艇是一種前後方向均是尖頭的船，它起源於因紐特人的獸皮船。

輕艇比賽中共分為兩類，一類是皮艇，另一類是划艇。兩者都是前後尖的，而皮艇是用雙葉槳推動的愛斯基摩式艇；划艇為加拿大式艇，用單葉槳推動。男子的皮艇和划艇於 1936 年的奧運中被列入正式項目之一；而女子皮艇則在 1948 年才被正式加入比賽項目。直到現在，輕艇從未被中止過。

▶ 輕艇的規則

輕艇賽事是運動員乘坐皮艇或划艇前進，最快抵達終點的為優勝者。現在，不少輕艇賽事中所用的比賽場地都是人工的。

另外，常見的 K-2 艇、C-1 艇等是指該項目的類別和人數。如 K-2 艇就是指雙人皮艇；C-1 艇是單人划艇。輕艇的靜水競速中的人數是一人或兩人，ICF 承認的正式比賽距離為 200、500、1,000 和 5,000 公尺。

激流競速賽中同樣使用皮艇和划艇。在賽事中，選手要在 300 公尺的激流中以最短時間依次序穿過 25 個旗門。激流競速賽包含了逆流賽道和順流賽道。最快且依次序穿過所有旗門則為冠軍。另外，如出現選手的救生衣中在比賽過程中掉了、未按次序穿過所有旗門、重穿旗門、未穿過所有旗門等犯規都會被增加時間。

高空彈跳

高空彈跳，又稱蹦極、笨豬跳、綁緊跳，是一種人們利用有彈性的繩索，一邊繫在身體或足踝上，另一邊繫在高處平臺

（通常是數十至過百公尺），然後從高臺一躍跳下的活動。玩者躍下時，繩索會伸展並吸收墜下的能量，繼而收縮把身體拉高。能量經過數次擺動而消失時，玩者的擺動就會靜止。

西元 500 年前後，在西太平洋瓦努阿圖群島的 BUNLAP 部落，一位當地婦女為逃避丈夫的虐待，爬上了高高的可可樹，用一種當地具有彈性的藤蔓牢牢綁住腳踝。她威脅其丈夫要從樹上跳下來，沒想到笨丈夫隨後也爬上了樹，跟著跳了下去，結果自然是柔嫩的藤蔓救了女人的命，暴虐的丈夫卻命喪黃泉。此後，將藤蔓綁住腳踝從高處跳下成了當地一種獨特的風俗習慣。

將高空彈跳真正發揚光大的是紐西蘭。1988 年，A. J. 賀克特和克里斯·奧拉姆在紐西蘭成立了第一家商業性高空彈跳組織反彈跳躍協會。賀克特更是從艾菲爾鐵塔上跳下，這更加引起了世人對高空彈跳的興趣。

到目前為止，世界上有很多國家都已建立了高空彈跳運動基地，如新加坡、日本、加拿大、澳洲以及一些歐洲國家。1991 年臺灣成立了亞洲第一家彈跳俱樂部「國際高空彈跳俱樂部」（Bungee International）。

▶ 高空彈跳的玩法

高空彈跳按跳法可分為綁腰後躍式、綁腰前撲式、綁腳高空跳水式、綁腳後空翻式、綁背彈跳和雙人跳。

1. 綁腰後躍式：此跳法為彈跳者綁腰站於跳臺上採用後躍的方

式跳下，彈跳時彷彿掉入無底洞，彷彿整個心臟皆跳出，約3秒鐘時突然往上反彈。反彈持續 4 ～ 5 次，定神一看，自己已安全懸掛於半空中，整個過程約 5 秒鐘，緊張又刺激。

2. 綁腰前撲式：此跳法為彈跳者綁腰站在跳臺上面，以前撲的方式躍下。此種跳法類似於綁腰後躍式，但彈跳者面朝下跳下，能夠真正感受到視覺上的恐怖與無助，當彈跳繩停止反彈時則能享受重生的欣喜。

3. 綁腳高空跳水式：此跳法為彈跳者最能表現英姿的跳法，此種跳法是將裝備綁於彈跳者綁踝上，站在跳臺上面朝下。如奧運選手跳水時的神氣風情，彈跳者於倒數 5、4、3、2、1後即展開雙臂，向下俯衝，彷若雄鷹展翅，氣概非凡。

4. 綁腳後空翻式：此種跳法是彈跳跳法中難度最高但也最神氣的跳法。此種跳法為將裝備綁於腳踝上，彈跳者站於跳臺上背朝後，彈跳者倒數 5、4、3、2、1後即展開雙臂，向後空翻。此種跳法需要強壯的腰力及十足的勇氣。

5. 綁背彈跳：此種跳法被彈跳教練喻為最接近死亡的感受，彈跳者將裝備綁於背上，倒數 5、4、3、2、1後雙手抱胸雙腳往下懸空一踩，彷彿由高空墜落，頓時感覺大地旋轉，地面事物由小變大，猶如與死神打交道，刺激到了極點。

6. 雙人跳：雙人於空中反彈時，彈跳繩會將兩人緊緊地扣在一起，既驚險又刺激。

射擊運動

　　射擊運動，是一項以槍作為比賽工具的運動，也是著名的奧運項目之一。

　　槍最初用於捕獵野生動物，而後轉到戰場上，成為一種極具殺傷力的武器。

　　早在 1830 年代，人們用槍打活豬、玻璃瓶等小玩意，後來漸漸出現飛靶、活動靶比賽。在 1896 年的第一屆雅典奧運上射擊就被列入比賽項目。有趣的是，雖該屆奧運會只限男性參與，此項目卻開放讓女性共同競爭。在 1972 年，男女可混合出賽。直到 1984 年奧運，才出現正式的女子射擊賽事。

　　射擊的規則

　　射擊運動可分為步槍射擊、手槍射擊、移動靶射擊以及活動靶射擊。其中槍皮的規格、射擊姿態、方法和目標都有不同。一場比賽下來，男子項目為 60 發子彈、女子則為 40 發子彈。和箭術一樣，射擊越靠近靶心得分越高，擊中靶心為 10.9 分。男子滿分為 709 分，女子為 509 分。所有子彈射出後，把得分相加，分數最高的為冠軍。

射擊項目

▶ 手槍

1. 男子 50 公尺手槍慢射：用小口徑自選手槍對距離 50 公尺的靶射擊 60 發子彈，包括試射在內的總時限為 2 小時。1896 年被列為奧運會比賽項目。

2. 男子 25 公尺手槍速射：用小口徑速射手槍對距離 25 公尺的靶射擊 60 發子彈，每組 5 發，按 8 秒、6 秒、4 秒的射擊時間順序先各射兩組，共 30 發子彈，然後再按相同方法進行第二輪 30 發子彈射擊，在規定時間內射完。兩組成績相加之和為總成績，以總成績評定名次。HPS 表示滿分。手槍速射項目的滿分是 600 分。1896 年被列為奧運會比賽項目。

3. 男子 10 公尺空氣手槍：用 4.5 公釐口徑空氣手槍對距離 10 公尺的靶射擊 60 發子彈，分 6 組，每組 10 發，包括試射在內的總時限為 2 小時 45 分。1988 年被列為奧運會比賽項目。

4. 女子 25 公尺運動手槍：又稱手槍慢射加速射。用小口徑自選手槍對距離 25 公尺的靶射擊 30 發子彈，每組 5 發，共 6 組，每組時限 6 分鐘。慢射結束後，用小口徑速射手槍對距離 25 公尺的靶射擊 30 發子彈，每組 5 發，共 6 組。慢射、速射成績之和為總成績，以總成績評定名次。1984 年被列為奧運會比賽項目。

5. 女子 10 公尺空氣手槍：用 4.5 公釐口徑空氣手槍對距離 10

公尺的靶射擊 40 發子彈，每組 10 發，共 4 組，包括試射在
內的總時限為 1 小時 15 分。1988 年被列為奧運會比賽項目。

▶ 步槍

1924 年法國首次舉行女子小口徑步槍比賽。1929 年瑞典舉
行小口徑步槍世界錦標賽，採用臥、立兩種姿勢；1930 年起改
為臥、跪、立三種姿勢。奧運會比賽項目有下面幾種。

1. 男子 50 公尺步槍：使用小口徑步槍按臥、立、跪三種姿勢
   的順序向距離 50 公尺的靶各射 40 發子彈，包括試射在內
   的總時限為 3 小時 45 分。1952 年被列為奧運會比賽項目。

2. 男子 50 公尺步槍臥射：用臥姿向距離 50 公尺的靶射 60 發
   子彈，包括試射在內的總時限為 1 小時 30 分。1908 年被列
   為奧運會比賽項目。

3. 男子 10 公尺空氣步槍：用立姿向距離 10 公尺的靶射 60 發
   子彈，包括試射在內的總時限為 1 小時 45 分。1984 年被列
   為奧運會比賽項目。

4. 女子 50 公尺步槍：用小口徑標準運動步槍按臥、立、跪三
   種姿勢的順序向距離 50 公尺的靶各射 20 發子彈，包括試射
   在內的總時限為 2 小時 15 分。1984 年被列為奧運會比賽項目。

5. 女子 10 公尺空氣步槍：用立姿向距離 10 公尺的靶射 40 發
   子彈，包括試射在內的總時限為 1 小時 15 分。1984 年被列
   為奧運會比賽項目。

▶ 移動靶

使用小口徑步槍以立姿向距離 10 公尺的移動靶射擊。移動靶多為跑動的豬靶。早期移動靶安裝在滑車上,靠人工帶動後的慣性前移,現多為電子操縱。原先僅設男子項目,1900 年起被列為奧運會比賽項目。在後來的移動靶射擊中,由原始移動靶逐漸改為和 10 公尺空氣步槍相像的靶紙。移動靶項目在2008 年北京奧運會上被取消。

▶ 飛碟

始於 18 世紀末的英國。採用雙筒獵槍,最初射擊目標為活鴿,後用泥製物代替。現用柏油、石膏等材料混合壓製而成的碟狀物,故稱飛碟。比賽時,拋靶機按固定方向拋靶,射手依次在不同位置射擊,以擊碎碟靶為命中,命中多者為勝。

▶ 奧運會比賽項目

1. 飛碟雙向:靶場為扇形,有八個射擊位置,兩端各設一個高、低拋靶房,房內各設一臺拋靶機。比賽時,拋靶機向固定方向拋出角度、高度均不同的碟靶,一次拋一靶或雙靶。六名運動員為一組,每位運動員從 1 號射擊位置開始,射完規定靶數後進入下一位置,八個位置共射 25 個靶為一輪。全部比賽男子射125個靶,第一天射75靶,第二天射50靶;女子 75 靶,一天內賽完。1968 年被列入奧運會,1996 年奧運會僅設男子項目,2000 年奧運會增設女子項目。

2. 飛碟多向:靶場為長方形,設有 15 臺拋靶機,每三臺為一

組。拋靶機拋出距離、高度和方向均不相同的碟靶，一次拋一靶。比賽時，六名運動員為一組，輪流進入五個射擊位置，每人各射 25 靶為一輪。每個碟靶可射兩發子彈，第一發未射中，可再射第二發。全部比賽男子共射 125 個碟靶，第一天射 75 靶，第二天射 50 靶；女子共射 75 靶，一天內賽完。1900 年被列入奧運會，原為混合項目，男、女均可參加，1996 年奧運會僅設男子項目，2000 年奧運會增設女子項目。

3. 飛碟雙多向：靶場同飛碟多向，但只用中間的 7、8、9 號拋靶機，拋出距離、高度和方向均不相同的碟靶，一次拋雙靶。比賽時，六名運動員為一組，輪流進入五個射擊位置，男子各射 25 個雙靶，女子各射 20 個雙靶為一輪。全部比賽男子共射 150 靶，女子共射 120 靶，均在一天內賽完。1996 年被列為奧運會比賽項目

箭術

箭術比賽，即射箭運動，是體育運動的一類。借助弓的彈力將箭射出，比賽射準確度或遠近的運動。現代國際射箭比賽有射準射箭比賽、射遠射箭比賽、室內射箭比賽、野外射箭比賽、環靶射箭比賽等多種。比賽方法和規則均不相同，多數以在不同距離內射中箭靶的環數計算成績。

射箭運動起源很早，弓箭在原始時代就是人類狩獵和戰爭

工具。世界各民族均有此活動，中國殷代甲骨文上曾有「矰（音ㄗㄥ，箭）繳」的記載，是一種獵鳥的射具。

現代國際箭術比賽於 1900 年第二屆夏季奧林匹克運動會被列為比賽項目，後被取消。1972 年第二十屆奧運會重新列為比賽項目。國際射箭總會於 1931 年成立，後每年舉辦一次世界射箭錦標賽；1953 年後改為每兩年舉行一次。此外，還有一些其他世界性或地域性的射箭比賽。是一項歷史極悠久的體育項目。

▶ 正式比賽規則

從雪梨奧運起，奧運標準箭靶箭術比賽起用了新賽制：眾多選手先要得到參賽資格，才可參加奧運的箭術賽事。男女各收 64 名選手，預賽先採 70 公尺一局 36 箭 ×2，總共為 72 箭，成績排好後進入對抗賽，第 1 名對第 64 名、第 2 名對第 63 名，依此類推；勝方出線，敗者出局。

箭術比賽的計分方法，是以箭射中的位置來判定，靶為圓形計分靶，每一環由內到外，分數由最高的 10 分到 0 分。射中中心得 10 分，離靶越遠得分越低。如有同分的情況出現，會以射中靶次數較多的為優勝；若射中靶數同樣相同，則以射中靶中心內 10 分區比較多的為之優勝。

飛鏢

飛鏢，是一種用手將前端為金屬製作，後端具有尾翼的細長鏢具投擲至靶子，講究投射精準度的運動。

飛鏢運動最早可追溯到羅馬帝國時代。帝國軍團駐守不列顛島時，當地多雨的天氣狀況限制了士兵們的戶外活動，於是有人發明了一種遊戲，在室內用手將箭投向用柞樹橫切面製成的靶子，形成了飛鏢運動最早的雛型。

19 世紀末期，英國人貝利恩‧甘林（Brian Gamlin）發明了現代飛鏢運動的計分系統。1970 年代初期，飛鏢運動傳遍整個歐洲大陸，並成立了世界飛鏢總會。由於許多酒吧會設置飛鏢設備，提供給酒客作為餘興節目，因此每年舉辦的世界飛鏢錦標賽和諸多其他比賽，大多由啤酒公司贊助。

▶ 場地器材

飛鏢器材有分鏢把和飛鏢。

職業級鏢具的鏢靶分為硬式鏢靶與軟式鏢靶，分別適用於鋼質鏢頭和塑膠鏢頭的飛鏢。其中硬式鏢靶依據靶盤材質又可分木質鏢靶、麻質鏢靶、紙製鏢靶與特殊纖維鏢靶；軟式鏢靶則採用各種塑膠材質。另外，還有與安全磁性飛鏢搭配使用的金屬鏢盤，這種飛鏢沒有鏢尖，頂端是一塊強力平頭磁鐵。

標準的鏢靶分成 20 個得分區，分別為 1 ~ 20 分。外圈的窄環區域為 2 倍區，中間的窄環區域為 3 倍區，射中時各得盤面分數的 2 倍與 3 倍。中央紅心區分數為 50 分，其周邊的綠色窄環區域為 25 分。

鏢靶應懸掛在牆上，紅心中心距地面 1.73 公尺，深色的 20 分區應位於上方。投擲線為距離鏢靶平面 2.37 公尺處。

　　按照國際比賽規定，飛鏢的總長度不得超過 30.5 公分，硬式飛鏢重量不得超過 50 公克，軟式飛鏢重量不得超過 20 公克。

　　飛鏢可依鏢身形狀分為直筒型（重量平均分布在鏢身上，目前使用此類飛鏢的選手較多）、酒筒型（重量集中在鏢的中央部分，比較符合手的生理結構）和魚雷型（重量集中在鏢身的前半部，投擲手感較好）。

極限運動

　　極限運動泛指危險性較高的運動項目，這些項目以追求驚險刺激為樂趣。

　　常見的極限運動有滑板、花式自由車、花式滑浪、花式滑雪、滑翔、Parkour（跑酷）等，還有極限自由車、滑板、極限直排、攀岩、衝浪、沙板、摩托車、寬板滑水、風箏衝浪等。

溜溜球

　　溜溜球（yo-yo）是由兩片同樣大小的塑膠、木頭或者金屬和繫在輪軸上的一根細繩所構成的玩具，也是一項世界性的純技巧運動。這項運動在西方流行於 1920 年代，現在仍然在兒童和成年人間廣為流行。

　　根據美國溜溜球協會（AYYA）報導，溜溜球約有 2,500 多年的歷史，是繼娃娃之後第二古老的玩具。而 yo-yo 之名則來自菲律賓的一句土話「Togalog」，即「回來」，表達出玩溜溜球時拋出又收回的原理。溜溜球當時是獵人投擲野生動物的武器，後來變為休閒活動。西元前 500 年的古希臘也有溜溜球。

▶ 溜溜球的類型

　　根據外形，溜溜球可分為三種，即標準型、蝶形和超寬幅加重蝶形。

　　標準型適用於快打和簡單的搭線動作，適用於初學者；蝶形適用於較繁複的搭線動作，是初學者晉升到中級的最佳選擇，但不太適合用於快打；超寬幅加重蝶形是高手專用，屬於大賽用球，構造多為滾珠軸承，空轉時間最長，搭線容易。

滑翔傘

　　滑翔傘，也稱飛行傘，是降落傘與滑翔翼的結合物，是由高空方塊傘改良的、性能接近滑翔翼的綜合體。

滑翔傘是一項不需要過多體力付出的體育運動,它的全套器材僅重約 20 公斤。滑翔傘是自由飛行器,通常從高山斜坡起飛,也可以透過牽引方式起飛。滑翔傘用雙腳起飛和著陸,所使用的器材與飛機跳傘使用的降落傘有很大區別。現代的滑翔傘可以爬升到海拔 4,000 公尺以上,最大直線飛行距離已突破 400 公里。根據飛行理念的不同,滑翔傘可以分為休閒滑翔、競技滑翔和特技滑翔三個領域。

1978 年,一個住在阿爾卑斯山麓沙木尼的法國登山家貝登用一頂高空方塊傘從山腰起飛,成功地飛到山下,一項新奇的運動便形成了。1984 年,來自沙木尼的費龍從白朗峰上飛出,滑翔傘在一夕之間聲名大噪,迅速在世界各地風行起來。由於該項運動獨特的刺激性,使之在歐美國家廣泛的普及,僅在歐洲已有 300 多萬滑行傘飛行者。

▶ **滑翔傘器材**

1. 傘翼:滑翔傘的傘翼形狀與飛機跳傘有很大不同,當代滑翔傘翼展弦比通常 7:1 以上,而飛機跳傘使用的方傘展弦比在 4:1 左右。

   現在所用的滑翔傘的外型經過了精密的設計,通常採用抗紫外線、不透氣、低重量的織物作為傘衣材料,採用不可拉伸的剛性繩索(凱夫拉或迪尼瑪等)製作傘繩。飛機跳傘則多使用透氣材料和彈力傘繩。大多數滑翔傘的傘繩自前至後分為 A、B、C、D 四組。翼面分為上下兩層,兩層翼面之

間由橫膈膜分割為數十個連通的氣室。氣室前段開口用於傘翼充氣。當代高性能滑翔傘翼每下降 1 公尺便可以前進 7～9 公尺的距離。

2. 吊袋：飛行員乘坐的地方，通常採用抗磨抗拉伸織物製造，吊袋透過兩個懸掛鉤與傘繩的末端相連。坐袋懸掛鉤相對於飛行員乘坐重心的高度對飛行員有很重要影響。高位置的懸掛鉤安定性好，對飛行員重心移動不敏感，操控起來略顯費力。適合初級或休閒飛行員。低懸掛位置吊袋對重心移動敏感，對操控水準要求也高，更適合越野飛行或競技飛行。

3. 備份傘／救生傘：保護裝備是極限運動裝備不可或缺的一部分，備份傘是滑翔傘飛行必備物品。備份傘的結構與主滑翔傘不同。主流備份傘都呈正圓形，傘頂開有導氣口，通常下落速度為每秒 5～6 公尺。通常備份傘具有很強的抗擾動能力，但沒有滑翔功能。當主傘發生塌陷無法充氣或進入不可控狀態後，飛行員應該立刻拋出備份傘。

▶ 動力滑翔傘

動力滑翔傘是在滑翔傘基礎上發展出來的，它是在座包後加上一個動力推進器，重約 15～25 公斤，推力 40～80 公斤，飛行時間達 1～5 小時，可以在平地起落，受場地限制小，較為方便。但飛行時噪音較大，價格也貴，主要用於培訓及商業飛行。

相比之下，普通滑翔傘價格更易被人接受，飛行樂趣也多，它一般在山坡上起飛，找到熱氣流或動力氣流後盤旋上升，氣流好時可升至 2,000 ～ 3,000 公尺。目前飛行傘留空時間的世界紀錄已達 24 小時，飛行直線距離 350 公里。

▶ **滑翔傘的種類**

滑翔傘依性能及飛行員技術的提升，比賽種類越來越多，大致有滯空、定點著陸、定時賽、折返賽、距離標竿、指定路線、指定路線的自由飛行和開放式的自由飛行幾種。

滑板

滑板是用於滑板活動的一種窄的、有輪子的板子。滑板項目可謂是極限運動的鼻祖，許多極限運動項目均由滑板項目延伸而來。1950 年代末到 1960 年代初，由衝浪運動演變而成的滑板運動如今已成為世界最「酷」的運動。

滑板的發明時間已經不可考。從 1960 年代滑板被大量生產以來，改變了很多。過去的滑板類似衝浪板，使用木頭或塑膠製作，沒有腳窩。輪子通常用黏土合成或是金屬製作。現在，許多小孩和少年都喜歡玩滑板。

▶ **滑板的結構**

滑板主要由支架、緩衝套、輪子、鎖緊螺母、緩衝墊、支架座、踏板等組成。

▶ 滑板前進動作

1. 滑行：前腳放置於板身前段 1/2 間，後腳踩踏撐地推進，身體重心前傾，滑板即可向前滑行。

2. 轉彎：有兩種轉彎方法，一種是以撐地的一隻腳收回置於板尾翹起處，施加壓力使板身前端微微翹起，再利用身體腰力做適當角度大小旋轉，即可轉彎。這種方法只適用於滑板速度較慢的時候。第二種方法最常見，也最方便，滑行時，把身體重心稍微往身體前方傾，或向後方傾，以進行轉彎。

3. 停止：以用力那隻腳放到地面，借助鞋子與地面的摩擦即可停止。

▶ 滑板花式動作

1. 地板花式

豚跳（ollie）：滑板前進時身體下蹲，使膝蓋彎曲微觸胸部，向上跳起時，後腳重踏板尾，前腳微貼板面，以後力順勢彈起，後腳縮起前腳往斜上方刷，爾後雙腳平行落地。

反腳豚跳：前進的方向與豚跳相同，但是以反腳作用。

腳尖翻板（kickflip）：也可以跟豚跳一樣的站姿，或是前腳往後挪，滑板寬的 1/2 寬度。起跳後，前腳的腳尖往板的側邊撩出去，讓滑板翻一整圈，貼腳，落地。

腳跟翻板（Heelflip）：跟腳尖翻板相反，前腳腳趾突出板面，用腳跟往斜前方踢出。

2. 竿上花式（slide&grand）

後板身（back side board slide）：板身的基礎動作之一。
雙腳與豚跳相同，平行背對竿子往竿子上跳，面對著前進，
竿上平衡動作。

前板身（front side board slide）：板身基礎的動作之二。
與後板身相同，用滑板的中段，就是板身，雙腳與豚跳相
同，平行的面對著竿子，在往竿子上跳，背對著前進，竿上
平衡動作。

棋牌運動

棋牌運動

圍棋

　　圍棋是一種策略性二人棋類遊戲，參與者使用格狀棋盤及黑白雙色棋子進行對弈。中國古時有「弈」、「碁」、「手談」等多種稱謂，屬琴棋書畫四藝之一。

　　圍棋起源於中國古代，起源時間為大約西元前 6 世紀。傳說堯的兒子丹朱生性頑劣，堯發明圍棋以教育丹朱，陶冶其性情。圍棋的最早的可靠記載見於春秋時期的《左傳》。戰國時期的弈秋是史籍記載的第一位棋手。南北朝時候，棋盤定型為現在的 19 道棋盤，並且出現了評定棋手水準的圍棋九品制。唐代出現了棋待詔官職。著名棋手王積薪所作的「圍棋十訣」在現代圍棋中依舊適用。明朝王世貞寫了一篇〈弈問〉，解答有關圍棋的種種疑問。

　　圍棋在西元 7 世紀傳入日本，很快就流行於宮廷和貴族之中。1984 年，第一屆中日圍棋擂臺賽開幕，拉開了中日圍棋交流的序幕。聶衛平在前三屆擂臺賽中取得 11 連勝，大大地推動了中國圍棋的普及。

▶ 棋具

　　棋具分棋子、棋盤和棋鐘。

　　圍棋子分為黑白兩色，黑子 181 個，白子 180 個。棋子呈圓形。中國一般使用一面平、一面凸的棋子，日本則常用兩面凸的棋子。中國雲南所產的「雲子」為歷來的弈者所青睞，迄今已有 500 餘年的歷史，較為珍貴的棋子材料有貝殼、瑪瑙等。

　　圍棋盤由 19 條橫線和 19 條分隔號組成，棋子要下線上的交叉點上，方格中不能放入棋子。為了便於識別棋子的位置，棋盤上劃了 9 個點，術語稱做「星」，中央的星點又稱為「天元」；下讓子棋時所讓之子要放在星上。棋盤可分為「角」、「邊」以及「中腹」，而現今的棋盤則有 19×19、13×13、9×9，較為普遍，另外還有一些是較罕見的 15×15、17×17。

　　正式的比賽中可以使用棋鐘對選手的時間進行限制，但非正式的對局中一般不使用棋鐘。

▶ 段位和級位

　　棋手圍棋水準的高低用段位和級位來區分，分為職業段位、業餘段位和業餘級位。

　　職業段位按低到高分別為初段、2 段、3 段、4 段、5 段、6 段、7 段、8 段、9 段；

　　業餘段位按低到高分別為 1 段、2 段、3 段、4 段、5 段、6 段、7 段、8 段（日本授予業餘圍棋世界冠軍的榮譽稱號）；

　　業餘級位按低到高分別為 30 級、29 級、28 級、……、3 級、2 級、1 級。

▶ 圍棋的頭銜

　　頭銜，是對某些比賽冠軍的特定稱呼。中國的頭銜戰現有天元、名人和新人王，以前還舉辦過棋王和棋聖。其他幾項比賽的冠軍則沒有特殊的榮譽稱呼，也就是沒有頭銜。

　　韓國的頭銜有天元、新人王、王中王等。

日本有七大頭銜，分別為棋聖、本因坊、名人、十段、小棋聖（碁聖）、王座、天元。

象棋

象棋是中國的傳統二人對弈棋類遊戲，與其類似的有西洋棋及日本將棋。主要流行於華人及亞太地區，是首屆世界智力運動會正式比賽項目。

▶ 棋盤

象棋的棋盤由 9 條直線和 10 條橫線相交而成。棋子放線上的相交點上，並線上上移動。

棋盤中間一行沒有直線，稱為「河界」，通常標有楚河漢界字樣，源自楚漢相爭時的鴻溝；或標上「觀棋不語真君子，起手無回大丈夫」等字樣。

棋盤上，劃有斜交叉線而構成「米」字形方格的地方，雙方各有一塊，稱為「九宮格」，簡稱「九宮」，是將／帥和士／仕活動的區域。

▶ 棋子

棋子的顏色分紅和黑（或藍、綠），雙方各有 16 隻棋子：分別是一隻將（或帥）、兩隻士（或仕）、兩隻象（或相）、兩隻車（或俥）、兩隻馬（或傌）、兩隻砲（或炮）和只卒（或兵）。

▶ 勝負

對一般棋局來說，只要一方被「將死」或者「欠行」，或自動認輸，另一方即可得勝。一方的棋子攻擊對方的將帥，準備在下一步吃掉它，稱為照將或將軍，簡稱將；被將軍的一方必須應將（即移動將帥或別的棋子來化解），無法應將就稱為被將死；一方無子可走，一動，將帥就會被吃掉，稱為欠行，亦稱為困斃。

▶ 棋局階段

一局棋通常分為開局、中局、殘局三個階段。開局打基礎，中局是關鍵，殘局決勝負。開局、殘局都有大量棋譜可循，而中局變化萬千，規律難以掌握，因而是棋力較難提高的階段。

▶ 棋譜

棋譜是一盤棋局發展的流程紀錄，多是古今中外的對局，或者是某人排擬的棋局。目前這些棋譜都會刊輯成書供人閱讀。由古至今，出現過不少的象棋棋譜。不過比較出名的，多數是古代流傳下來的棋譜，例如《橘中秘》和《梅花譜》等，而且大多是手抄本，很少有刻印的版本，到了近數十年才大量出版成書。

另外，很多象棋大師、著者也都撰寫了很多棋譜，研究不同的開局、中局、殘局和比賽。

西洋棋

　　西洋棋又稱歐洲象棋或國際象棋，是一種二人對弈的戰略棋類遊戲。西洋棋的棋盤由 64 個黑白相間的格子組成，黑白棋子各 16 個，多用木或塑膠製成，也有用石塊製作的；較為精美的石頭、玻璃（水晶）或金屬制棋子常用作裝飾擺設。

　　西洋棋一般被認為源自一種印度的遊戲 —— 恰圖蘭卡。西元 7 世紀時，它經蒙古傳入俄羅斯。穆斯林統治波斯後，它被帶到伊斯蘭的國家。10 世紀時它傳到西班牙，11 世紀傳到英國。15 世紀末，現代西洋棋的規則逐漸成形。現代的玩法與 19 世紀時的大致相同。由於流傳已久，因此在各地與各時期產生了很多象棋變體規則。

▶ 棋盤與棋子

　　西洋棋的棋盤為正方形，由 32 個深色和 32 個淺色方格交替排列組成，每邊 8 個方格。淺色棋格稱為「白格」，深色棋格稱為「黑格」，擺放棋盤時要使每位棋手的右下角為白格。

　　西洋棋的棋子也分為兩種顏色，淺色棋子稱為「白棋」，執白棋的棋手稱為「白方」；深色棋子稱為「黑棋」，執黑棋的棋手稱為「黑方」。對弈雙方各有 16 枚棋子，分別為一王、一后、雙象（或譯主教）、雙馬（或譯騎士）、雙車（或譯城堡）和八兵。開局時即全部放在棋盤上規定的棋格內。

▶ 勝負

1. 將軍與將死：當一方的棋子威脅對方的「王」時，即下一步就可以把對方的「王」吃掉時，稱為「叫將」、「照將」、「打將」或「將軍」。此時，對方要設法解除對方對「王」的威脅：一是把攻擊王的棋子吃掉，二是移動「王」到另一格去，三是用自己的其他棋子把攻擊「王」的棋子擋住。當一方的「王」被將軍而又無法解除對方威脅時，被「將死」，則棋局告負。

2. 和棋：由西洋棋世界總會的規則所規定的「和棋」情況有以下五種：其中一方的「王」雖然沒有被對方「將軍」，但是卻沒有合法的棋步可走，這種「和棋」稱「逼和」；任何一方以任何合法著法都無法將死對方，這種「和棋」稱「死局」，例如王對王單馬、或王對王單象等；一方提出和棋要求，並得到另一方的同意，這種「和棋」稱「協議和局」；三次重複同一局面，包括兩種情況：即將第三次（或以上）重複和剛剛第三次（或以上）重複，由有權提出方提出，在連續的 50 個回合內，雙方既沒有棋子被吃掉，也沒有兵被移動過。由有權提出方提出。

五子棋

　　五子棋是一種兩人對弈的純策略型棋類遊戲，棋子分為黑白兩色，使用 15×15 的五子棋專用棋盤或 19×19 的圍棋的棋盤，棋子放置於棋盤線交叉點上。因為棋子在落子後不能移動或拿掉，所以也可以用紙和筆來進行遊戲。

　　五子棋是起源於中國古代的傳統黑白棋種之一。但由於五子棋在古代不受重視，並且一直沒有形成一套獨立完整的棋種理論，也沒有制定公平完善的規則來解決黑白平衡問題，所以千百年來一直沒有得到發展。

　　五子棋首先從中國傳入朝鮮，後又傳入日本，並廣泛發展成為「連珠」。連珠使用「禁手」來限制執黑方先手的優勢，從此連珠走上了一條不斷改良的道路。

　　1988 年，國際連珠聯盟（RIF）在瑞典成立，有日本、俄羅斯、瑞典、亞美尼亞、亞塞拜然、愛沙尼亞、法國、拉脫維亞、白俄羅斯等 9 個成員國，總部設在瑞典首都斯德哥爾摩。現在全世界已有數十個國家和地區成為國際連珠聯盟的正式會員。

▶　棋盤和棋子

　　棋盤一般以木質或石質最常見，也有其他材質。棋盤為 15×15 路，歷史上曾出現過 13 路、17 路和 19 路棋盤，連珠主要用 15 路，也有 17 路的 WRL，而 GOMOKU 主要採用 15 路和 19 路。棋盤略呈長方形，上有五個星位元標記，位於棋盤中央的星叫做「天元」。

棋盤縱路從左到右用英文字母 A 到 O 標記，橫路由下到上用數位 1 ～ 15 標記，方便記錄棋譜。

棋子一般為石質或瓷質，分黑子和白子兩種，黑子 113 顆，白子 112 顆。

▶ 和棋

行棋中一方提出和棋，另一方同意則判和棋。棋子落滿整張棋盤仍未分出勝負為和棋。一方 PASS 後另一方下一手也 PASS 則為和棋。

▶ 五子棋大賽

職業連珠的世界錦標賽從 1989 年起每兩年舉辦一次，現已舉辦了十屆。其中，日本棋手獲得四屆冠軍，愛沙尼亞棋手獲得五屆冠軍，中國棋手獲得一屆冠軍。第十屆同時舉辦了五子棋世錦賽及六子棋世錦賽。

橋牌

合約橋牌（Contract Bridge）一般簡稱橋牌（Bridge），是一種以技巧和運氣贏取牌墩的紙牌遊戲。橋牌由四個人組成兩對搭檔在方桌上進行，搭檔面對面坐在桌子的兩端。競賽包含競價（通常稱為叫牌）與打牌兩部分。

在定約決定後，叫牌結束。定約代表某一搭檔宣告他們一方必須至少吃到的墩數，以及將作為將牌的特定花色（或者不

使用將牌）。打牌的規則與其他贏取牌墩的遊戲類似，且其中一位玩家的手牌必須朝上放在桌上，稱作「明手」。

現代合約橋牌的發展，是基於哈洛德‧史德靈‧范德比等人對競叫橋牌記分法的創新。最重要的修改，是將計算成局和滿貫獎分的來源限於定約中計線上下的墩數，這使叫牌更具挑戰性，也更有趣。

范德比的規則發表於 1925 年，在短短數年間便使「橋牌」成為「合約橋牌」的同義詞。

今日在美國和澳洲的大部分俱樂部、競賽、網路上以及其他場合都打複式橋牌。而在英國，盤式橋牌仍然和複式橋牌一樣受歡迎，也常在家中或俱樂部進行。

▶ 橋牌錦標賽

1925 年定約橋牌發明後，橋藝錦標賽開始普遍，但規則經常改變，且出現了幾個不同的競賽贊助組織：美國橋牌聯盟（ABL，前身為美國競叫橋牌聯盟，1929 年更名）、美國衛斯特聯盟以及美國橋藝聯會（USBF）。

第一個得到官方承認的世界錦標賽舉辦於 1935 年。到了 1937 年，美國定約橋牌聯盟（由 ABL 和 USBF 共同組成）開始掌握權力，到現在仍然是北美橋牌錦標賽的主要組織者。1958 年，世界橋藝聯會成立。2008 年，橋牌成為首屆世界智力運動會比賽項目。

麻將

　　麻將亦稱麻雀，是一種廣泛流行於東亞與東南亞地區，尤其是華人社區的四人棋牌類遊戲。不同地區的遊戲規則稍有不同。麻將牌張主要有「筒子／餅子」、「索子／條子」、「萬子」與「風牌／四喜牌」、「箭牌／三元牌」等。古代麻將大都用骨面竹背製作，可以說麻將牌是一種紙牌與骨牌的結合體。

　　近年來也有許多麻將的電腦遊戲及電子遊戲出品，可讓人與電腦對戰或透過網路與他人對戰。

　　康乾盛世時期的麻將是現代麻將的前身，主要牌有「餅子」、「條子」和「萬子」三門牌和四隻「繪牌」。此時麻將已經廣泛流傳，並成為通俗風雅的文娛活動。

　　麻將的牌身材料從紙牌變為竹或骨頭，又發展成為今天的硬塑膠料及有機玻璃。

　　玩麻將還需要骰子，初期的骰子是用玉或獸牙造成，後來改用骨製。一粒骰子為手指頭般大小的立方體，以 1 ～ 6 點塗黑的點數分布每一面，到後期才將 1 點和 4 點塗上紅色。

　　麻將一般最多供四人使用，四人各坐一方，稱為「腳」。麻將也可以兩人或三人進行，現在的電子遊戲以日本麻將為多，中文地區則多為網路麻將遊戲。

▶ 麻將牌

　　麻將牌中序數牌每類從「一」到「九」各四張，共 27 種 108 張牌。又加上七種番子牌，每種各四張，有風牌：「東、南、

西、北」、箭牌：「中、發、白」（其中箭牌和原本箭術有關，
紅中，表示箭靶，古代射箭，靶上常用一個紅色的中字，「發」
本來不是發財之意，而是發箭的意思，白板則表示不中，但是
逐漸流傳演變，原來的箭術含義消失了，只剩下牌種類還叫箭
牌），共計 28 張牌。總共 136 張牌。後又添加同撲克中與「小
丑」（JOKER）功能相近的花牌，一般有八張：「春、夏、秋、
冬、梅、蘭、竹、菊」。共 144 張牌。

▶ 各種玩法

麻將的玩法很多，現在比較流行的有國標麻將、廣東麻將、
江南麻將、成都麻將、福建麻將、福州麻將、臺灣麻將、南京麻
將、合肥麻將、武漢麻將、天津麻將、日本麻將、美國麻將、越
南麻將、菲律賓麻將等。

跳棋

跳棋是一項老少皆宜、流傳很廣的益智型棋類遊戲。其規則
較少，玩法簡單，因此很多人都十分喜愛。

跳棋大約在維多利亞時代（約西元 1880 年代）就出現了，
最初的棋盤是正方形，共有 256 個格。開始時，棋子分布在
4 個角落，以最快跳到對角為目標，規則與現在的中國跳棋差
不多。

不久，有人就將正方形棋盤改成了六角形棋盤，並由德
國著名的遊戲公司 Ravensburger 取得專利，稱為 Stern-

Halma，意為星形跳棋。

1930 年代起，跳棋開始在美國流行，並改為 Chinese Checkers（中國跳棋）的名字。

跳棋也是世界上最古老、最普及的智力遊戲之一。關於跳棋的書籍，最早是於 1531 年在威尼斯出版的。目前，在跳棋基礎上發展出來的國際跳棋在很多國家都廣受歡迎。國際跳棋總會也已有 50 多個會員國了。

據史料記載，跳棋最早應出現在古埃及、古羅馬、古希臘等地，因為人們已從古埃及的墳墓中找到了下跳棋的畫。在英國的博物館中，還珍藏著古埃及的獅子和羚羊下跳棋的篆刻畫。法國羅亞爾也存放著兩個從金字塔附近挖掘出來的大理石跳棋棋盤。古代跳棋傳到歐洲、亞洲、非洲和北美洲後，就發生了一些變化，並在許多國家形成了民族跳棋。

▶ 跳棋術語

一局跳棋可分為開局、中盤和收官三個階段。開局一般指從雙方棋子的出動到棋子的初步相互接觸為止的過程，通常在 10 步棋以內；中盤指雙方的棋子相互糾纏在一起，爭奪出路，同時又為對方設置障礙的階段；收官指雙方的棋子基本分開，各自按照自己的方式儘快進入對面陣地的過程。

▶ 行走規則

跳棋棋子的移動可以一步步地在有直線連接的相鄰 6 個方向進行。如果相鄰位置上有任何方的一個棋子，該位置直線方

向下一個位置是空的，則可直接跳到該空位上。在跳躍過程中，只要相同條件滿足就可連續進行。

▶ 遊戲規則

跳棋的遊戲規則很簡單。首先，遊戲參與人數必須是偶數，即二人、四人或六人，然後與對角線的一方對抗。棋子的移動可以一步步地在有直線連接的相鄰 6 個方向進行，倘若相鄰位置上有任何方的一枚棋子，該位置直線方向下一個位置是空的，則可直接跳到該空位上。在跳躍過程中，只要相同條件滿足即可連續進行，誰最先將正對面的陣地全部占領，誰就獲得勝利。

▶ 其他玩法

除了遵循傳統規則的玩法外，跳棋還衍生出許多其他玩法。例如有一種玩法被稱作「食棋」，其實就是應用了孔明棋的規則，把本應放在一角的所有棋子由中央開始放滿棋盤，正中央的一格要空出，形成正六邊形。

這種玩法可以多位玩家同時參與，玩家每次可選任何一枚棋子移動。當一枚棋子跨過另一枚棋子時，被跨過的棋子就被吃掉。每次移動時，都一定要吃到棋子，到最後無法透過移動來吃到其他棋子時，就仿照跳棋中的平移走法，棋子可移動到相鄰六格中其中一格，直到有棋可吃為止，最終目標是使棋盤中的棋子僅剩一枚。

黑白棋

　　黑白棋的棋子通常雙面為黑白兩色，故稱黑白棋。由於行棋之時將對方棋子翻轉，變為自己一方的棋子，故又稱翻轉棋。棋子雙面為紅色和綠色的，又稱為「蘋果棋」。

　　黑白棋是 19 世紀末由英國人發明的。直到 1970 年代，日本人長谷川五郎將其發展，並借用莎士比亞的名劇《奧賽羅》為這個遊戲重新命名。

　　奧賽羅是一個黑人，他的妻子是個白人。由於受小人挑撥，奧賽羅懷疑妻子不忠，最終親手將妻子殺死。直到後來真相大白，奧賽羅懊悔不已，自殺而亡。黑白棋的名稱就是借用這個故事而來的。

▶ 棋子棋盤

　　黑白棋的棋子每顆由黑色和白色兩種顏色組成，一面黑色，一面白色，共 64 枚（包括棋盤中央的 4 枚）。棋子呈圓餅形。

　　黑白棋的棋盤由 64 個格的正方格組成，遊戲進行時，棋子要下在方格內。棋盤可分為「角」、「邊」及「中腹」。

▶ 遊戲規則

　　棋盤共有 8 行 8 列，共 64 個格。在開局時，棋盤正中央的 4 個格先放置黑白相隔的 4 枚棋子（也有求變化者相鄰放置）。通常黑子先行，然後雙方輪流落子。只要落子和棋盤上任何一枚己方的棋子在一條線上（橫、直、斜線皆可）夾著對

方的棋子，都能將對方的這些棋子轉為自己一方的棋子（翻面即可）。如果在任意一個位置落子都不能夾住對手的任何一枚棋子，就要讓對手下子。當雙方皆不能下子時，遊戲即結束，子多的一方獲勝。

由於黑白棋獨特的規則，很容易出現雙方比分的劇烈變化。在遊戲的後期，還可能僅用幾個回合就將大量對方的棋子變成自己一方的，因而扭轉戰局。因此，太著眼於比分是沒必要的，更重要的是占據有利的位置。

通常中間位置的棋子最易受到夾擊，有橫、直、斜線共 4 個方向的可能。而邊緣的棋子則只有一個可能被夾擊的方向，4 個角落上的位置被占據後，便完全不可能被攻擊了。

蒙古象棋

蒙古象棋是最為古老的博弈遊戲之一。早在北方草原契丹王朝時期，就有有關蒙古象棋的記載。不過，當時的棋子和玩法比現在的蒙古象棋要簡單。

明朝永樂年間的《藝仙集》中，也有有關蒙古象棋的記載。這些記載也表明，現代蒙古象棋的走法早在 14 世紀末就已定型。這要比現代西洋棋的定型早一個多世紀。

在成吉思汗西征後的西元 1230 年代，這種棋藝便先於歐洲傳到草原了。它是隨著蒙古草原絲綢之路的延伸，經波斯在蒙古族中流傳開來的。但直到清代的《口北三廳志》轉引明人的

《藝仙集》，介紹蒙古象棋的棋步走法及規則等，蒙古象棋才開始為世人所注意。

通常認為，蒙古象棋與西洋棋同出一源，都是由古印度的四人棋戲「恰圖蘭卡」演變來的，據今已有 2,000 多年的歷史。這種博弈於西元 7 世紀傳入阿拉伯，並改新名為「沙特拉滋」。約 15 世紀至 16 世紀時傳入歐洲，幾經變革，最終形成了現在的西洋棋。

▶ 棋盤棋子

蒙古象棋的棋盤與西洋棋的棋盤相同，也是一個正方形的棋盤，由顏色一深一淺、交替排列的 8×8 格共 64 個小方格組成。棋盤的每一邊有 8 個小方格，淺色的稱白格，深色的稱黑格。

蒙古象棋的棋子也分為兩種顏色，淺色的稱白子，深色的稱黑子，一共 32 個，雙方各有 16 個棋子，即每方都有一王、一后、雙車、雙象、雙馬和 8 個卒子。

▶ 遊戲規則

蒙古象棋的遊戲規則在各地均有不同。其中的一種坑法是：下棋者每一方都有諾顏（王爺）和哈曇（王后）各一個，哈薩嘎（車）、駱駝、馬各兩個，厚烏（兒子）8 個，相當於卒和兵。其中：

· 諾顏：可以橫走、直走、斜走，進退隨意，沒有位置的限制，

但每次只限走一格。兩個諾顏可以相遇，但不能用其他棋子代替。

· 哈曇：沒有格數的限制，可橫走、直走、斜走。

· 哈薩嘎：只能橫走、直走，且行走格數不限。

· 駱駝：分別在各自的格中行走，黑駱駝走黑格，白駱駝走白格，且只能斜走，行走格數不限。

· 馬：類似於象棋走法，以「日」字形行走，先橫走或直走一格，然後再斜走一格。

· 厚烏：位於諾顏前面，第一步可走兩格，其他厚烏均走一格，雙方的任意一個厚烏當到達對方的最後一格後，便成為被吃掉的對象。不過，蒙古象棋的規則是不能吃掉對方的烏奴欽厚烏（孤兒）。

在對局時，白方先走，此後雙方輪流各走一著，吃掉對方的棋子。其方法與西洋棋十分類似。

還有一種玩法，雙方各包括王爺（西洋棋中的國王）、獅（西洋棋中的王后）、駱駝（西洋棋中的象）、馬（西洋棋中的馬）、車（西洋棋中的車）、兵（西洋棋中的兵）。

在第一回合時，雙方必須走王前兵或后前兵進兩格開局。先行方如果選擇走王前兵或后前兵，後行方必須走對稱的王前兵或後前兵進兩格。此後，所有的兵每次只能沿著直線走一格。

在判定勝負時，以死一方官長為終局。當王被對方「將死」時，就算輸棋；當雙方均只剩王或雙方只剩同色格的單駱駝時，即為平棋。

德州撲克

德州撲克起源於美國德克薩斯州,是在歐美有著上百年歷史的最流行的公共牌撲克遊戲。它的最大特點是易學難精,被稱為「學一時,精一世」的經典撲克遊戲。

2004 年秋,美國 ESPN 體育頻道首次在黃金時段播出「世界撲克錦標賽」後,德州撲克這款經典的紙牌遊戲被推上了頂點,並且一發而不可收拾,成為風靡歐美的體育項目。

根據下注限制,德州撲克分為限注、無限注、彩池限注三種。其中無限注德州撲克規則簡單,刺激有趣,以絕對的優勢受到眾多玩家的喜愛,至今已形成了成熟的玩法體系和特有的文化特色,擁有忠實的群眾。

▶ 歷史發源

雖然德州撲克的來源並不明確,但德克薩斯州立法部門正式認定,德州羅比斯鎮(Robstown Texas)為德州撲克的發源地,時間約在 20 世紀初期。

1967 年,一群來自德州的玩牌高手將這種遊戲引入拉斯維加斯。當時,這種遊戲尚未被稱為德州撲克,而是被簡單地稱為撲克。

1969 年,拉斯維加斯的職業牌手被邀請到位於拉斯維加斯大道上的杜恩斯賭場(現已拆除),來進行德州撲克的遊戲。新的地點及新加入的撲克牌手為職業牌手創造出了一個報酬率相當可觀的遊戲。

1971 年，新聞記者 Tom Thackrey 建議把世界撲克大賽
（World Series of Poker，簡稱為 WSOP）改為無限注德州撲
克。此後，無限注德州撲克便成為撲克世界系列大賽的主要賽
事。在接下來 20 年中，參與 WSOP 的牌手人數逐年成長。

▶ 等級排列

德州撲克的等級排列為：皇家同花順 > 同花順 > 四條 > 葫
蘆 > 同花 > 順子 > 三條 > 兩對 > 一對 > 散牌。

1. 皇家同花順，又稱同花大順，即同花色的 A、K、Q、J 和
   10。公共牌開出皇家同花順，則所有未蓋牌的牌手平手均
   分籌碼。

2. 同花順，即 5 張同花色的連續牌。同時有同花順時，數字最
   大者為贏家。公共牌開出同花順為最大時，則所有未蓋牌的
   牌手平手均分籌碼。

3. 四條，即其中 4 張是相同點數的撲克牌，第五張是剩下牌
   組中最大的一張牌。若有一家以上持有四條（鐵支）（公
   共牌開出四條），則比較第五張牌（起腳牌），最大者為贏
   家。公共牌開出四條時，起腳牌一樣大則平分彩池。

4. 葫蘆，又稱滿堂紅、三帶一對，由 3 張相同點數及任何兩張
   其他相同點數的撲克牌組成。如果同時有多人拿到葫蘆，3
   張相同點數中，數位較大者為贏家。如果 3 張牌都一樣，則
   在 2 張牌中點數較大者贏家。如果 5 張牌數字都一樣，則
   平分彩池。

5. 同花，由 5 張不按順序但相同花色的撲克牌組成。如果不止一人有這種牌組，則牌面數字最大的人為贏家；如果最大點相同，則由第二、第三、第四或第五張牌來決定勝負。如果 5 張牌都相同，則平分彩池。

6. 順子，由 5 張順序撲克牌組成。如果不止一人有這樣的牌組，則 5 張牌中點數最大者為贏家。其中，10、J、Q、K、A 為最大的順子，A、2、3、4、5 為最小的順子。如果所有牌數字都相同，則平分彩池。

7. 三條，由 3 張相同點數和 2 張不同點數的撲克組成。如果不止一人有此牌，則 3 張牌中最大點數者為贏家；如果 3 張牌都相同，比較第四張牌，第四張牌相同時比較第五張，點數大者為贏家。如果所有牌數字都相同，則平分彩池。

8. 兩對，由 2 對數位相同但兩兩不同的撲克和隨意的一張牌組成，共 5 張牌。如果不止一人有此牌型，持有數字較大的對子者為贏家；若較大數位對子相同，則比較小對子的數位；如果 2 對對子數字都相同，那麼第五張牌點較大者贏（起腳牌）。如果起腳牌也相同，則平分彩池。

9. 一對，由 2 張相同點數的撲克牌和另外 3 張隨意的牌組成。如果不止一人有此牌，則有較大數字對子者為贏家；如果對牌都一樣，則依序比較另外 3 張牌中，數字最大者為贏家；如果另外 3 張牌中最大的也一樣，則比較第二大的和第三大的。如果所有的牌都一樣，則平分彩池。

10.高牌，由既不是同一花色、也不是同一點數的 5 張牌組
　　成。如果不止一人有此牌，則比較點數最大者；如果點數最
　　大的相同，則比較第二、第三、第四和第五大的；如果所有
　　牌都相同，則平分彩池。

▶ **遊戲規則**

　　德州撲克的牌型大小與通常的撲克、十三張、抽牌撲克等撲
克牌型大小順序相似，且牌型大小不分花色，允許牌手平手，
從大到小比牌（如：都有一對，對子大的勝出；對子相同，則
比誰的單張更大）。若 5 張比完成大小相同，則均分注碼池內
的注碼。

　　在玩牌時，每個牌手發 2 張底牌，然後再依次發 5 張公共
牌，每個牌手從手中的兩張和 5 張公共牌中選出 5 張組合成最
大的牌組，與其他人進行輸贏比較。

　　德州撲克一共押四輪注，每人發 2 張牌後進行第一輪押注；
發第三張公共牌後押第二輪注；發第四張公共牌後押第三輪注；
發第五張公共牌後押第四輪注。押注結束後，所有剩餘玩家進
行比牌，牌數最大者贏得彩池。

電子書購買

國家圖書館出版品預行編目資料

全民瘋運動：起源 X 場地 X 規則 X 專業術語,100
種體育常識一本通 / 蔡宗諺主編 . -- 第一版 . --
臺北市：崧燁文化事業有限公司 , 2022.05
　　面；　　公分
POD 版
ISBN 978-626-332-339-1(平裝)
1.CST: 體育
528.9　　111005964

全民瘋運動：起源 × 場地 × 規則 × 專業術語，100 種體育常識一本通

臉書

主　　　編：蔡宗諺
發 行 人：黃振庭
出 版 者：崧燁文化事業有限公司
發 行 者：崧燁文化事業有限公司
E - m a i l：sonbookservice@gmail.com
粉 絲 頁：https://www.facebook.com/sonbookss/
網　　　址：https://sonbook.net/
地　　　址：台北市中正區重慶南路一段六十一號八樓 815 室
Rm. 815, 8F., No.61, Sec. 1, Chongqing S. Rd., Zhongzheng Dist., Taipei
City 100, Taiwan
電　　　話：(02) 2370-3310　　　傳　　　真：(02) 2388-1990
印　　　刷：京峯彩色印刷有限公司（京峰數位）
律師顧問：廣華律師事務所 張珮琦律師

定　　　價：350 元
發行日期：2022 年 05 月第一版
◎本書以 POD 印製